台灣風土系列③

習俗的故事

審訂：施志汶
文：李倩萍
封面繪圖：陳麗雅
內頁繪圖：陳麗雅

編者的話

近幾年來，政府積極推動鄉土教育，希望國中、小學學生能對台灣的風土文物有所認識。然而學校老師為了豐富自己鄉土的素養與知識，卻有資料難尋之感。聯經出版公司在出版金鼎獎童書《台灣歷史故事》之後，獲得各界熱烈回響，不時有家長、老師建議繼續開發、延伸此一系列著作。

有鑑於此，聯經出版公司經過資料蒐集與規劃，邀請兒童文學作家執筆，專業的史學、科學教授審校，並由插畫者配上精緻的插圖。於是一篇篇豐富又有趣的台灣風土系列故事，再次呈現在讀者面前。

《台灣風土系列》全套共十冊，包括：《開發的故事》、《民間信仰的故事》、《習俗的故事》、《海洋的故事》、《河流的故事》、《動物的故事》、《植物的故事》、《住民的故事》、《物產的故事》、《山脈的故事》。

本系列以說故事的筆法叙述，以主題事物爲主軸，涵蓋歷史、人文、自然、科學與生活，適合國小中、高年級以上的學生閱讀。相信閱讀過這套叢書之後，人人都能認識台灣風土，並對我們的生活與習慣有更多的了解。

序

李倩萍

台灣是我生長、成熟的故鄉，小時候讀地理，長大後走南闖北，曾很自信的認爲，自己對它是了解、認識的，但是要動筆介紹它時，卻又茫然了，信心忽然萎縮不見了，那些經常過的節、吃的食物、生活方式等等，即使平常得像呼吸一樣自然，一旦要認眞分析、解釋它們時，卻變得面目模糊，難以提出完整的樣貌示人了。

爲什麼會這樣呢？我思考許久，發現自己像許多人一樣，認識的只是台灣的表相，種種習俗對我而言，只是知其然而已，根本未經深思整理，一旦拿出來翻檢、察看，便理不出頭緒了。

爲了讓自己重新認識台灣，我閱讀了二十幾本書，以深耕的方式翻攪、挖掘生長了幾十年的故鄉泥土後，對於同樣生長在這塊土地的同胞，我有了更深切的認識，知道爲什麼原住民有成年禮、豐年祭、猴祭……，也知道了漢人重男輕女的原因，家族組成的方式、婚喪禮俗繁複的癥結……，讓我看清楚：自己的根原來是這樣的形貌！

四面環海的台灣，面積雖然不大，但是物產卻豐饒得足以滋養餵哺兩千萬的人口；這兩千萬人的祖先來自四面八方，有從南太平洋群島來的原住民，大陸來的閩南人、客家人等，由於族群不同，語言、習俗也有很大的差異，造成彼此的隔閡，但也學會包容各個不同的種族和生活風俗，使台灣在不斷衝突中，找到平衡和生機，成爲一座不斷調整的「彈性島」。

台灣的「彈性」表現在許多方面。以貿易而言，我們商人的機動性是世界知名的，而交通、住家同時保有的擁擠與便利特性，也常讓外國人嘆爲觀止；就以我們的飲食習慣來說，原住民本來是以粟米爲主食，漢人則以稻米爲正餐，但是現在彼此融合，原住民也吃白米飯了，而漢人呢？麵食、漢堡、義大利麵等林林種種幾十樣選擇，再也沒有人拘泥於非稻米不吃了。

這種生活習俗的改變，和台灣人不堅持的寬容性有很大的關聯。不論原住民，還是漢族移民，祖先都具有冒險犯難的精神，才能渡過千里重洋來到台灣，這種移民個性展現的特點是：不怕困難，喜歡嘗試，對新事物有強烈好奇心。當然，他們的子孫也具有同樣的特質，這是我感到十分驕傲的地方。

「不堅持的寬容」造成對新事物快速而普遍的接

納，使台灣無時無刻不在改變它的容顏。不論習俗、吃穿、建築、生活等，像飄萍不斷隨水逐流，常常在幾年之間，一座城市的市容就完全改變了，原有的生活習俗，可能也增、減變異得和以前不同，一切都在「變」的潮流中，快速前進。改變如此頻繁、快速，使許多需要時間累積的價值觀和深厚文化，不知不覺地被淹沒掉，而為大眾所忽略。這一點，目前已被不少有識之士察覺，而開始提出討論，這是很值得欣喜的現象。

身為台灣人的後代，我們應該怎樣保留優點，改善缺點呢？我還沒有找到完美的答案，但是我深信，以開闊的心胸，對值得追求的事物全力以赴，必然會讓我們的根深深向下生長，穩穩的扎在台灣的土地上，而不只是隨水漂流的浮萍！

目次

阿美族的成年禮

阿美族是台灣原住民中人口最多的一族，主要分布在台灣東部和南端恆春一帶。阿美族的社會是以女性為主的母系社會，家庭以母系相傳，男孩長大後離開自己的家，入贅到妻子的家。家庭之上有宗族或氏族等親族團體，同氏族的人有共同的姓氏，同姓者不准通婚。

部落是由幾個宗族或氏族構成，部落內房舍叢聚構成村落，周圍密植竹木當圍籬，四方各設柵門作為入口，柵門內設有壯丁營與瞭望台，以防敵人侵襲。部落中央建有男子會所與廣場，是部落統治的中心。各部落的頭目常為祭司，是採政教合一的行政體系。

成年禮是原住民少年進入青年極重要的儀式，但各族的儀節卻多有不同，本文是依照中央研究院民族研究所的阮昌瑞先生，所調查之「大港口的阿美族」成年禮所寫成。

當村子口的會所，傳來一群人高喊：「椿米啊！椿米啊！」庫索的心怦怦跳起來，他丟下手裡的掃帚，以最快的速度跑向會所。

會所裡一片亂烘烘，長老、青年們個個比手畫腳，說得熱烈。庫索插不上話，在一旁等著、聽著，興奮之情卻逐漸升高，終至滿溢出來：他長久期待的日子終於到了！

「媽媽，八月十五！媽媽，八月十五！」庫索興奮得一路跑一路叫。媽媽絡佳和姊姊咪嚕西正在屋前的石臼椿米，看庫索氣喘喘的跑來，絡佳笑吟吟的對他說：「我們不正在幫你準備嗎？」

咪嚕西用力擣著木捶，轉頭恐嚇庫索說：「說不定長老覺得你太壞，不讓你參加成年禮。」

庫索從屋旁的水桶裡舀了一瓢水，邊喝邊回嘴：

•成年禮或稱進級式、成年式或入會式，爲十五、十六歲少年進入青少年期的儀式，海岸阿美每隔三年與豐年祭合併舉行一次，舉行日期在七、八月收穫之後，每次舉行六天，共有七個儀節，分別爲：椿米日、祭靈日、第一個舞日、第二個舞日、米匹亞、共漁日、酷門吐紐滕。

•決定成年禮後，青年組到村子高處，集體高呼通知村人，婦女便開始樁米，此曰爲「樁米日」，未婚少女可到意中人家去幫忙樁米，如果男方父母不中意這位少女，就會婉謝女孩的協助。

「像我這麼優秀的人，絕對不會有問題；如果是你就很難講了，還好你們女孩沒有成年禮。」

「喔！喔！優秀的人，有好事找上你了。」咪嚕西幸災樂禍的調侃弟弟。

庫索順著姊姊的眼光看去，阿娃娜抱著一捧粟米，向他跑來。庫索瞪姊姊一眼，轉身就往相反的方向跑。阿娃娜望著庫索的背影，臉上掩不住失望的表情，絡佳安撫她說：「庫索等一下就會回來，你有什麼事，要不要我叫他回來？」

「我又不是來找庫索的，我是想幫你們樁米。」阿娃娜回答的表情僵硬，語氣更壞。

咪嚕西「噗哧」一聲笑出來，說：「你的心思我們還不懂嗎？如果媽媽答應讓你幫忙，庫索以後就要嫁到你家去，今天找不找庫索都沒關係嘛！」

•阿美族是早期由南洋移民來台的民族，語言屬於南島語系，由於移民年代、與外族接觸、交通阻梗等不同因素，各地阿美人的語言和習俗都有所不同，民族學家將其分爲五群：南勢群、秀姑巒群、海岸群、卑南群和恆春群。本文的成年禮儀節參考的是海岸阿美，他們居仕在秀姑巒溪口北岸一帶。

阿娃娜的心事被看穿，羞得滿臉通紅，一聲不吭扭頭就走。絡佳責怪女兒不該讓阿娃娜太難堪，咪嚕西理直氣壯的反問：「庫索又不喜歡阿娃娜，難道你要勉強他入贅到阿娃娜家嗎？」

絡佳無言的嘆口氣，椿米杵一上一下韻律的敲打著木臼，砰砰的聲音彷彿大地心臟的跳動。

月亮和庫索一樣興奮，張大了圓眼睛瞪著地面的阿美少年，庫索和朋友艾念、馬文坦一起躺在涼爽的樹下，久久不能入眠，他們沸騰的熱情，並沒有隨著夜晚的溫度而略爲降低。會所裡傳出長老們歌舞、飲酒的喧鬧和燈光，吸引著庫索和他夥伴的眼、耳，他恨不得自己也是會所裡的一員，和長老們一起喝酒、跳舞直到天亮；而這一天就快到了，只要再忍耐一天，他就有資格通宵達旦的待在會所裡，爲了這一天，他已經準備了好久。

在馬鳩長老領頭吟唱的飲酒歌聲中，庫索沈沈的睡去，夢裡他隨著長老高亢快樂的唱歌，大碗滿杯的喝酒，完全脫胎換骨成一個豪壯的勇士了。

第二天，瓦克長老祭了祖靈，庫索和大家一起吃糯米糕，祈求農作物豐收、村人健康平安，隨後男女老幼開始盡情歌舞。庫索放聲高唱，他嘹亮的嗓音引來許多少女傾慕的眼光，讓馬文坦嫉妒的直想打他一頓。歌舞結束後，庫索興高采烈的回到家，媽媽已經準備好豐盛的晚餐等著他了；很少言笑的爸爸歐佗，微笑的把傳家獵刀遞給庫索說：「送你。」

庫索又驚又喜，不敢置信的問：「眞的要送給我嗎？」

歐佗表情嚴肅的說：「庫索已經長大，是成人了，

•「第二儀節祭靈日」是成年禮的儀式，凡是年滿十八歲的青年都要入會，成爲青年組，入會者的會齡相差兩、三歲不等。阿美青年組共分七級，依序遞升，第一級爲新入會的青年，負責看火、掃地等打雜的工作。

這把祖先傳下來的獵刀送給你，希望你也像祖先一樣勇敢、正直。」

庫索雙手接過獵刀，望著刀柄上雕刻的鷹和魚，向祖靈暗暗起誓：我一定要成爲一個公正勇敢的獵人！咪嚕西也笑吟吟的拿出一個編織細膩的檳榔袋和紅色頭巾、上衣及裏腿，交給庫索說：「穿上它們，保證今天晚上的舞會你最英俊！」

幾個月前，姊姊就埋頭編織這些衣物了，當時庫索以爲姊姊是在準備嫁妝，還嘲笑過她，沒想到這些漂亮的衣物，竟是爲自己準備的。庫索不知道該怎麼道歉，捧著衣服呆呆看著姊姊，半晌才說出：「對不起！」姊姊毫不介意的拍拍庫索的肩膀說：「穿起來給我們看看！」

穿戴上新裝，庫索顯得容光煥發，姊姊滿意的說：

「好帥！女孩們一定會被你迷倒。」

庫索脹紅了臉，顧左右而言他：「我餓死了，可以吃飯了嗎？」

「庫索不好意思囉！」絡佳邊調侃兒子，邊幫大家盛上粟米飯。

一家人高高興興的吃完飯，庫索立刻趕到會所前的廣場集合，和他同級入會的朋友已經到了大半，人人都穿著新衣，難掩興奮的說笑個不停。選定的吉時終於到來，卡魯起頭目在衆人面前站定，聲音朗朗的為庫索和他的同伴祈禱，求神保佑他們健康、幸福，然後嚴正的訓誡大家：要服從上級，努力工作，學習技能，不能再像小孩一樣貪玩。廣場上所有的少年都大聲回應，承諾遵照頭目的囑咐，負起責任。儀式完畢，大家又開始盡興歌舞，庫索隨著熱烈的節奏跳躍、扭動，渾身充滿了用不完的力量。

接連兩天都是跳舞日，歌舞、飲酒、嬉鬧，從日出到日暮，村人每天都玩得精疲力盡；庫索的歌聲嘹亮，舞姿雄壯，少女們都爭著要和他一起跳舞，馬文坦也湊興的幫他拉紅線湊對兒，但是庫索的好心情卻被阿娃娜破壞了，他每天想盡辦法閃躲阿娃娜的追蹤。村人看他倆你來我往的捉迷藏，都當成笑話，庫索又氣又窘，對阿娃娜更加沒有好臉色。

「庫索，你來！我有話要對你講。」晚飯後，歐佗坐在屋外抽菸斗，向屋裡的庫索招呼。

庫索走到爸爸身前，垂手站著。歐佗抬頭看他，感慨的說：「你眞是長大了，都快比我還高囉！」

庫索沈默著，不知道該接什麼話。歐佗抽了兩口菸，開口說：「我看到你這兩天一直躲著阿娃娜，你這

•第一個舞曰從早上九點多一直延續到晚上八、九點才結束，在這天，未婚少女可以將檳榔送給正在跳舞的男友，表示情意。

•第二個舞曰跳舞時遶火而舞，分內、外兩圈，內圈爲未婚少女，外圈爲未婚青年，青年組中第六級的青年負責爲男、女配對，因此最後舞圈會變成一個大圈，由少女與其男友攜手共舞。

樣做是不對的。」

庫索抿著嘴，倔強的不出一聲。歐佗接著說：「阿娃娜喜歡你，表示讚賞你、認同你，這樣的好意又有什麼錯呢?你躲著她，彷彿她是個鬼，這樣回報她不太好吧！」

「是她自己厚臉皮！」庫索繃著臉生氣，覺得爸爸一點也不了解他。

歐佗銳利的眼神掃過庫索的臉，語氣平靜的繼續說：「阿娃娜不是個壞女孩，如果只是普通朋友，你就不會這麼討厭她了，是不是?」

庫索想了一會兒，點頭默認。歐佗「啪、啪」抽著菸斗，沈沈的像鼓聲落在庫索的心底。菸火隨著蟲鳴的節奏一明一滅，直到菸盡火熄，歐佗都沒有再開口，庫索只好打破沈默，對歐佗說：「我知道明天該怎麼做了。」

歐佗擺擺手，讓庫索離開。庫索轉身的瞬間，屋裡透射的火光照亮了歐佗的臉，庫索彷彿看到爸爸露出一絲難得的笑容，雖然轉眼就隱沒了，但是庫索心裡仍然湧起一股溫暖。

太陽才爬上山頂，第五儀節就展開了。女性嬌柔的歌聲響徹秀姑巒溪沿岸，今天是婦女跳舞的日子，男人只能在一旁觀賞。腕上的鈴聲叮叮，婦女們擺手頓足舞成一個圈圈，圓圈中不時有年輕的男人穿梭來去，他們或藉故找喜歡的女孩說話，或特意送檳榔、糖果給親愛的人。於是一對對、一雙雙離開跳舞行列，到海邊談心、散步，舞圈沒多久就變得零零散散，不怎麼帶勁了。

阿娃娜沒有離開舞圈，她懶洋洋的揮動手腳，勉強

•阿美人採自由戀愛方式，由女方主動，在戀愛過程中，女孩會到男家協助挑水、打米、煮飯菜等工作，等雙方交往一段時日，家長都同意後，由女方親戚向男方提親，由於阿美為母系社會，因此結婚後夫多從婦居，子女從母居。

擺出跳舞的樣子。庫索走到她身邊，什麼話也沒說，拉著她的手臂，就往海邊走。阿娃娜用力掙開，生氣的質問：「你想要幹什麼？」

庫索深深吸氣入胸，臉部肌肉因爲緊張而繃著，道歉的話彷彿塞在他的喉嚨裡，怎麼也說不出來。阿娃娜的眼睛睜得比蓮霧還大，裡面裝滿了害怕，她以變調的聲音再一次追問：「你想要幹什麼？」

「對不起，我不喜歡你，可是我們還是可以做朋友。」庫索努力說完這幾句話，全身的力氣彷彿都用盡了。

阿娃娜呆呆的看著庫索，似乎沒有聽懂他的意思。庫索覺得口乾舌燥的厲害，可是他不能不和阿娃娜說淸楚。庫索聽到自己的聲音變得尖銳刺耳：「我雖然不喜歡你，可是我們可以做朋友。」

阿娃娜抿緊脣瞪著庫索，他的話反覆回盪在阿娃娜心頭；羞怒如海潮般撲打上她的胸膛，她憤怒得渾身發抖，用力推開擋在前面的庫索，大叫說：「我喜歡你，那是我的事，不用你來可憐我！」

淚，順著她的臉頰流下，阿娃娜用手使勁擦掉，神情木然的轉身跑開，留下不知所措的庫索。馬文坦走過來問原因，庫索把經過說了一遍，馬文坦拍拍他的肩膀，安慰他說：「阿娃娜大概誤會你的意思了，改天再找機會向她解釋吧！」

庫索苦笑著回答：「也只好這樣了。」

比庫索高一級的青年塔羅在遠處招手，叫他們說：「趕快集合，要準備撈魚的用具了。」

庫索和馬文坦飛快的向海灘奔去，許多青年已經在整理魚簍、修補魚網了。長老馬鳩吩咐庫索說：「你的聲音最好，就派你站在海邊那塊大石頭上，向神靈庫瓦大聲說：『今天是年初，魚多來給我們！』記住了嗎？」

庫索點頭表示了解，他爬上黑色的大石頭，面向微浪起伏的大海，以手當擴音器，眞誠的向神祈求：「今天是年初，魚多來給我們！」

他一直喊到捕完魚，才爬下岩石，和大家一起整理魚具和魚網。當晚，庫索和同伴露宿在海灘，海浪以輕柔的「沙沙」聲，催眠了他們，並帶來魚兒滿網的豐收夢。

旭日的金芒才露出灰藍海面，掀開白天一個小角時，庫索就醒了，他小心跨過睡在四周橫七豎八的夥伴，向大海走去。海浪輕輕觸撫他的腳背，泡沫四散的跌碎在細砂上，藍灰的海天之間，只有幾隻水鳥在溪、

•阿美族的年齡組織是部落政治的基礎，阿美男人一生都依年齡自然發展，而分成四個階段：一、童年期，自出生至十四、十五歲。二、青少年期，自十五歲至二十五歲，其中以成年禮而二分爲前、後期。三、青壯年期，約自二十五歲至四十二歲。四、老年期，四十二歲以上。

海的交匯處徘徊。庫索眺望海面，湧浪靜止似的翻不出白邊，今天是個捕魚的好日子。

阿美少年像朝陽一樣，生氣蓬勃的睡醒了，庫索和村裡的青年們合力下海捕魚。第一次把魚網撒向深深的海洋，庫索患得患失的等待大魚上網。炙烈的陽光把阿美少年的肌膚燒烤得油亮發光，庫索汗如雨下的和同伴一起收網。看到魚網裡活蹦亂跳的魚兒時，庫索感受到長大的驕傲，現在他也能爲自己和族人捕捉到豐盛的食物了。

會所在午後驕陽燻曬下，熱氣蒸騰，所有的男人吃完上午捕的魚，都待在會所裡，有人懶洋洋的依著柱子聊天，有人睡在大床上打呼，庫索盤坐在大床的裡邊，汗流浹背的聽、看會所裡的伙伴在做什麼，雖然燠熱混濁的空氣讓他很不舒服，但是第一次能堂而皇之的坐在

•會所是青年階段的活動中心，會所內設備簡單，夏天只有床和水缸，冬天則增加火堆。籐編連床，供青年組前三級級伴住宿，水缸供應青年飲水；集會場爲集會、儀式舉行所，場邊種枯寧樹和柚子樹。

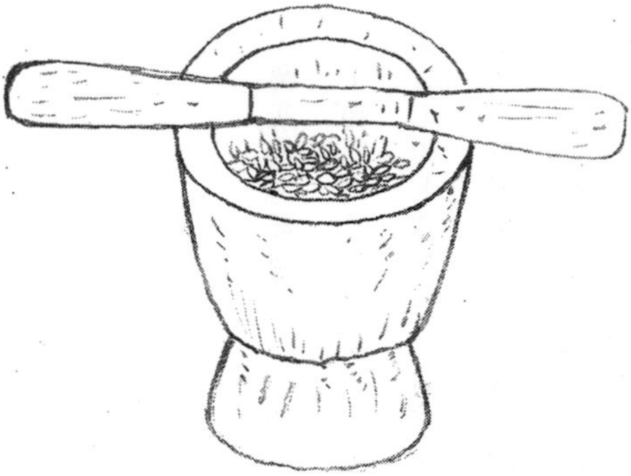

會所裡，還是使他興奮的臉紅心跳。會所的大床外邊比較涼快，由第三級的青年睡，再過來是第二級，自己是第一級，只能睡裡邊比較熱的地方；冬天升爐火時，秩序則顚倒過來，裡邊靠火的鋪位是第三級的，他和馬文坦必須睡靠門比較冷的床邊……，這些規矩他記得清清楚楚，也覺得合情合理，因爲只要他再資深些，他一樣可以享受到較好的待遇。

經過幾天的儀式洗禮，他已經算是阿美族的青年了，從今天開始，他每天在家吃過晚飯後，就要到會所聽長老講歷史、談經驗，或是和同伴聊天、唱歌、遊戲，晚上就睡在會所，直到他結婚爲止，這正是他盼望許久的生活方式，而會所就像切斷臍帶的剪刀，把他和小孩的關係剪掉，讓他長大成人。

白天過度的興奮，加深了庫索的疲憊，在會所的第一夜，他幾乎立刻沈入夢鄉。第二天清早雞才剛啼，庫索和其他十三個新入會的一級青年，全都起床了，今天他們必須到海裡捕魚給老年組吃，如果收穫太少，是很丟臉的！十四個人清掃完會所的地面，回家匆匆吃了早餐，立即帶著漁具到海邊，依照昨天學會的方法撒網捕魚。庫瓦神對他們很照顧，讓庫索和同伴獲得大豐收，看到滿簍的魚兒，連卡魯起頭目也稱讚說：「你們眞是阿美族的好青年！」

歷經七天，所有的儀節終於全部結束，庫索知道：從現在起，他已經成年，必須抬頭挺胸面對所有未來路途上的考驗和責任，不能逃避，更無法退縮，而他第一個要解決的難題，就是去找阿娃娜，把誤會的結打開！

•阿美族以平地爲家，住屋平面矩形，入口爲一個或兩個，都由正面進入，屋內爲單式室，後受漢族影響，而漸次有寢室、起居間及廚房等複室。

平埔原住民的婚喪習俗

台灣山區原住民有九族，平地的平埔族有十族，不同的族群婚姻習慣都不相同，但是都厲行一夫一妻制，族外婚、近親間禁止通婚；婚姻大都是男女自由戀愛，男孩須進入青年組，在集會所經過幾年的訓練後才能結婚；女孩則在十五、六歲時，有了熟練的編織技術，才允許結婚。各族的婚姻形式大略可分為三種：招贅婚、嫁娶婚和服役婚。

平埔族相信人死後靈魂不滅，因此各部族都有祖靈祭祀。靈魂分為善靈和惡靈，善靈是善終的靈魂，即祖靈，為祭祀的對象；惡靈是死於非命的人變成的，常在人間作祟。**平埔族**對惡死極度畏懼，大都簡單埋葬死者，並在其死處插上標誌，經過時避開；死者居室多廢棄，或請巫師作法。善終者有收殮、埋葬等儀式，但各部落的儀式則各不相同。

本文以平埔族的婚喪習俗為本，由於十族習俗紛異，因此參考李亦園教授之「從文獻資料看台灣平埔族」，做概括性的介紹。

•平埔族共分十族：凱達格蘭、雷朗、噶瑪蘭、道卡斯、巴則海、巴布拉、貓霧束、和安雅、西拉雅、水沙連。平埔族是漢化最深的原住民，其原來的語言、習俗已與漢族同化，僅在宗教儀式中，揉合了祖靈和青年入會式兩種禮儀。平埔族以父系家族爲基本形態，皆由男性尊長爲家長，承嗣繼產，家業由長子繼承，長子死，則兄終弟及。本文故事設定在西部平原居住的平埔族。

伊娜在鬢角插上潔白的百合花，對鏡照了又照，才滿意的放下鏡子，輕輕嘆口氣，自言自語的說：「什麼時候才輪到我呢？」

「輪到你什麼？」姊姊娃娜不知道什麼時候進入屋內，站在火堆旁，歪著頭問她。

伊娜滿臉飛紅，顧左右而言他的回答：「你不是先走了嗎，怎麼又回來了？」

「我不想讓爸爸罵。」娃娜板著臉，不高興的說。

伊娜知道，娃娜一定在路上碰到爸爸。雖然伊娜已經十四歲，不算小了，可是爸爸對排行最末的伊娜總是不放心，出門常要求娃娜接送她，即使伊娜不停的抗議，爸爸也不理會。伊娜、娃娜對這件事都很不高興，卻又不敢違抗父親。

感到抱歉的伊娜，牽起姊姊的手，兩人一起去參加米提珍的婚禮。遠遠的，就聽到嘹亮的合唱穿林越樹，像海浪一波波傳來，「描罩佳開始了！」伊娜興奮的叫，姊姊很有默契的拉著伊娜往歌聲的方向跑去。

米提珍是頭目的女兒，連土官、通事都來參加婚禮了，其他的親朋好友當然更是盛裝赴會；打扮鮮豔的人群圍成了一圈又一圈，和著歡欣的歌唱，衆人盡興的跳舞。伊娜、娃娜找到圓圈的缺口，擠進歡樂慶祝的行列，隨衆人一起踏足攏手，大聲唱出對新人的祝福。

新娘頭戴五彩雉尾的「搭搭干」，和新郎並坐在杵臼上，接受族人的祝福，他倆開心的咧嘴笑著，露出門牙旁剛鑿掉不久的兩顆牙齒空洞，向族人證明他倆的愛情堅貞。

隨後新娘、新郎也起身加入歌舞，大家興奮的情緒立刻被提升起來，歌舞得更加賣力；伊娜也被這種狂熱

•平埔人結婚時，男女兩家都會治辦酒宴邀請族人、土官、親戚歡聚，席間載歌載舞，並殺豬酌酒祝賀，稱爲「描罩佳」，也有族人於婚後三日再宴請客人的。

•搭搭干是用竹篾編成的頭飾，嵌以蛤圈及燒石珠，插上雉尾，是新郎送給新娘的服飾之一。

•土官是清廷承認的頭目。

的情緒感染，釋放出她所有的聲音、體力，唱著、舞著，全場的情緒幾乎達到沸點。

歌舞累了，衆人暫停休息，頭目和伊娜的爸爸舉杯一飲而盡，兩人在族人的鼓譟下，互較酒量；媽媽則和婦人們忙著燒烤豬肉、蒸糯米餅，分給來賓吃。娃娜和朋友圍著米提珍說說笑笑，新郎阿魯卡正和來賓在拼酒，聚會廣場上滿溢著歡欣的氣氛。

伊娜靠著棚子的木柱，心情愉快的看著廣場上又說又笑的人群，在完全沒有任何預警之下，她忽然被「凍結」在柱子旁，不能言語、動作，周圍一切的人與活動，彷彿隔著透明而深沈的水，變得緩慢、從容卻又清清楚楚，她聽到族人在說：「要一口氣乾杯！喝不完的再罰一杯。」「米提珍，你戴的這串珠子好漂亮，是頭目還是阿魯卡送你的？」「我上次上山，遇到的那頭山豬，比今天這頭大多了，牠一看到我，就向我衝過來，我向旁邊的石頭跳去，……」「今年的粟米收成不太好，不知道夠不夠釀小米酒？……」「還是漢人織的緞子比較漂亮，你看！土官穿的衣服，像鳥的羽毛一樣又輕又亮，那就是緞子，據說穿起來還很保暖呢！」……

伊娜運用所有的意志和力氣，掙扎著想脫離這可怕的凍結，加入談話的行列，但是卻徒勞無功。最近的族人和她僅距一臂遠，兩人卻被透明的「氣牆」阻隔，無法接觸。伊娜孤獨的站在人群邊緣，驚怕得全身發抖，不知道該怎麼辦？族人休息一段時間後，又圍成圓圈，開始歌舞了；娃娜跑過來拍拍伊娜問：「你愣在這裡做什麼？快來跳舞！」

像解除魔法的咒語，伊娜從凍結狀態恢復過來，身邊的「氣牆」也霎時消失無蹤，人群的呼吸、流汗、歌舞聲息像浪濤般湧來，她又感覺到溫熱的風、涔涔的汗、雜沓的人聲……，生命的氣息再度吹拂過她的心靈，伊娜來不及細想，拉著娃娜飛快跑向人群，加入歌舞的行列，生怕晚一步又會陷入莫名而可怕的「氣牆」中。

娃娜拉著伊娜的手跳舞，卻不專心的叨叨絮絮向伊娜說：「你知道嗎？阿魯卡送給米提珍多少聘禮嗎？有籐腕輪五百個，戒指十只，布帶十條，外套十件，犬毛外衣十二件，一套緞子的漢人服，聽說是紅色的，非常漂亮，還有皮做的搭搭干，鹿皮腳褲、蜻蜓珠項練等好多好多，米提珍答應我，等這三天的慶祝過後，再拿給我看。」

伊娜沒有答腔回應，米提珍得到多少聘禮，根本不關她的事，她在意的是，是不是有人和她一樣，也被困

•鑿齒是在平埔人結婚後三天，夫婦各敲落上齒兩顆，交給對方收藏，表示終身不變。

•平埔人鼓勵自由戀愛，到了適婚年齡，女孩就搬出去獨居，夜晚男孩會到中意的女孩住處，吹鼻簫、嘴琴、口琴，或贈鮮花等物，如果女孩同意，雙方開始自由談情，甚至同居，然後才告知父母，徵得同意後辦理嫁娶手續。

•男女訂婚，由男方到女方家商洽，經女方同意後，備送聘禮，才算成立。聘禮內容則視家境情況而異，富有的送衣物、藤環、戒指等；家貧則較少。

在恐怖的「氣牆」中，還是只有她一個人有這種感覺？群衆的歌舞越來越熱烈，但是不論場內、場外，都沒有任何人失神、落單或發呆。在快樂的歌舞中，伊娜的情緒逐漸穩定下來，她暫時拋開心裡的困惑，隨著大家一起盡興的吟唱、舞蹈。

太陽斜斜的掉進山頭，漫天紅霞照映得整座山谷金光燦爛，經過一整天的吃喝、歌舞，大家都疲累了，有人隨地就躺下歇息，準備第二天再繼續慶祝；伊娜、娃娜帶著被小米酒染紅的雙頰，兩人手牽手唱著歌，隨著歸鳥往回家的路走去。

半路上，遠遠有個小黑點向她們跑來，娃娜笑嘻嘻說：「準是鹿史，那小子要照顧祖母，不能去參加婚禮，大概很不甘心，就偷偷溜出來了。」

伊娜望著跌跌撞撞跑近的弟弟，不祥的預感湧上心

頭，恐懼像冰冷的手攫住她的雙腳，她僵直的站在原地，無法邁步向前。仰頭狂奔的鹿史，幾乎撞上伊娜，他看到姊姊，慌亂的大叫：「快點！快點！哈希媽不能呼吸了！」

伊娜的心緊縮一下，隨即立刻恢復跳動，她像鹿一樣飛快跑起來，鹿史、娃娜緊跟在後。她們趕到家門口時，屋子已籠罩在灰黑的薄暮中，一群烏鴉站在茅草屋頂上，不安的鼓動翅膀。姊妹倆畏怯的互看一眼，伊娜壯膽先走進屋裡，鹿史緊緊拉著娃娜的裙子跟在後面。伊娜引燃燈火，走向哈希媽的臥榻，哈希媽面容慈祥的仰卧著，伊娜蹲俯身子，輕輕喚著：「哈希媽，哈希媽。」

祖母微微張開無牙的嘴，吐出一絲氣息，然後緩緩張開眼睛，以昏亂而渙散的目光看著伊娜。伊娜為哈希媽拭去嘴角流下的口涎，溫柔的問：「你餓不餓？要不要喝水？」

哈希媽掙扎喘息了好一會兒，才氣息微弱的問伊娜說：「你知道我在呼喚你嗎？如果你再不回來，我恐怕就等不及了。」

伊娜止不住渾身顫抖，驚慌的回答：「哈希媽，你好好休息，我去倒水給你喝。」

「伊娜，記住！我死後你們要趕快搬到更遠的地方，這裡將會被漢人奪走，爲了避免流血，你要叫大家先撤走。本來我想和你們一起走的，可惜來不及了，以後，就靠你和天神、祖靈溝通……」哈希媽一口氣接不上，翻了白眼，喉嚨咯咯的發出聲音。

伊娜、娃娜和鹿史又驚又怕，圍在哈希媽身邊哭泣、叫喚。哈希媽抽動一下，吐出最後一口氣就闔上雙眼，離開了塵世。伊娜趴在床邊號啕痛哭，平時哈希媽最疼她，訣別的錐心刺痛，令她崩潰了，她忘了祖母臨終的叮囑，也忘了要去通告大人這不幸的消息，只是一個勁的哭。娃娜勸阻不了伊娜，只好吩咐弟弟說：「你在這裡陪伊娜，我去廣場告訴爸媽這件事。」

哈希媽的死訊很快就傳遍全族，歡樂的氣氛瞬間降到冰點。第二天，再也沒有人繼續為米提珍慶祝了，他們全部自動自發的到伊娜家幫忙後事。長老帶領大家，合力把伊娜的家布置得喜氣洋洋，不但張燈結綵，還鳴鐘敲鑼通告所有的人：哈希媽女巫安詳的死了。

伊娜全家披散著頭髮，用黑布蒙著臉，只露出兩隻眼睛，望著一批批進屋來向哈希媽告別的親友、族人，他們對著哈希媽飲一口酒，然後開始哭泣，屋裡充滿了哀痛和感傷。

●平埔人稱死亡爲「馬歹」、「麻八歹」、「描描產」。死亡分爲善終與惡死，惡死包括自殺、野外暴斃、出草戰死或被馘首。善死者殮葬的方式各有不同，有的由親屬環繞死者，一進一退，抵掌而哭；有的如本文所描述的方式。而死者入殮，有全身赤裸，也有用鹿皮、草席等包裹。葬地有埋在厝內、厝邊或山上，也有在竹圈之內蓋一小茅屋，上插雞毛和小布旗。喪服的顏色也不一樣，有黑色、白色，或披黑

（接下頁）

一天、兩天、三天過去了，伊娜在衆人眼淚中，滌清了心裡的悲傷，她開始想哈希媽臨終時告訴她的話，如果遷移是唯一避開災難的方法，她就必須遵照哈希媽的遺言挽救族人，但是有誰會聽一個小女孩的話呢？誰會爲了一個未知的災難，而離開美麗富庶的家園，搬遷到另一個陌生的環境？這些問題都不是伊娜立即能處理的，她默默的向哈希媽、祖靈祈禱，希望他們能幫助她達成使命。

哈希媽的遺體用鹿皮包裹後，抬進木棺中，她生前最喜歡戴的珠串、髮飾，愛用的碗盤、陶甕，穿起來最美的衣服，也一起放入棺裡，伊娜看著哈希媽安詳的面容，她知道，哈希媽留下一個艱難的考題給她，如果她不能通過測試，哈希媽將永難安息。伊娜在棺蓋要蓋上的瞬間，向祖母默禱：哈希媽，你一定要保佑我成爲一

（接上頁）
布、黑帶在肩上的。服喪時間短爲十日，長爲一年，其間不能穿華麗鮮豔的衣服，也不能歌舞歡宴，甚至農事活動，也受短時間的限制。惡死者則不加以殮葬。

個最好的女巫。

族人合力在伊娜家屋裡，挖掘了一個深坑，將哈希媽的棺木埋在地下。葬禮完畢以後，伊娜獨自去找頭目，將哈希媽臨終的話完整的轉達。頭目將信將疑，召集了長老一起商量。每個長老看到伊娜在座時，臉上都露出驚訝的表情，伊娜以最莊嚴的姿態坐著，一一迎視長老們投射過來好奇、輕蔑、關切等不同的眼神。她知道要完成任務，說服這些有經驗、智慧的人，是多麼不容易，她面臨著一場硬仗！

頭目向長老們說明哈希媽遺言後，立刻引起一陣騷動，有人議論紛紛，有人搖頭否決，更有人質疑伊娜：「哈希媽爲什麼把這麼重要的事交代你，而不告訴你爸爸或頭目？」

「因爲我是繼承她的新女巫！」伊娜大聲而清晰的

回答。

有的長老哄堂大笑，有的變了臉色，訓斥伊娜說：「小孩子不要胡說，女巫不是你想當就能當的，下次再開這種玩笑，就要重重處罰你。」

伊娜神色不變，冷靜的說：「我眞的是女巫。」必其長老不悅的轉頭對頭目說：「一個小女孩胡言亂語，你也信以爲眞，是不是你眞糊塗了？」

頭目沒有答話，命人去請伊娜的父親普和特來。普和特看到伊娜和長老們在一起，沒有顯露出驚訝，彷彿依娜本來就應該在場。頭目等普和特坐定，語氣平和的問：「你知道伊娜會巫術和醫術嗎？」

普和特誠摯的注視著頭目回答：「伊娜剛生下來，哈希媽就預言說，伊娜將會帶領我們避開禍害，所以在她五歲生了一場大病，哈希媽以巫術爲她醫好以後，伊娜就跟著她學巫法了。」

長老們都變了臉色，頭目盯著普和特，聲色俱厲的逼近說：「普和特，你不要爲了維護女兒，而隨便編造謊言。」

「我沒有，而且也不必。」普和特神色自若的說：「這是事實，伊娜的媽媽也知道。哈希媽爲了讓伊娜專心學習，叫我們不要說出伊娜將繼承女巫的事，我也不想讓伊娜太早承受身爲女巫的責任，所以沒有告訴任何人。但是我知道伊娜和普通孩子不同，所以更小心維護她的安全，希望等她長大以後再當女巫，沒想到她才十四歲，就得挑起這麼重的擔子了。」

爸爸慈祥的眼光轉向伊娜，伊娜也回望父親，無盡的感激化成溫流湧塞她的喉頭，如果可以，她多麼想抱著父親痛哭一場，但是現在她有更重要的事情要做，她

必須向大家證明：她是個稱職的女巫！

所有的長老對這意外都毫無心理準備，大家討論了好久，仍得不出結論，頭目最後裁決：讓伊娜暫時先當女巫，試試她的能力，如果她眞能爲族人祈福、治病，才聽從她的話，否則就將她驅逐出去，永遠不准踏進村裡一步。

會議結束，長老們紛紛走出屋去，普和特經過伊娜身邊時，拍拍她的肩膀爲她打氣，伊娜對父親報以微笑，她有信心一定會成爲最好的女巫，讓爸媽和祖母都以她爲榮！

甜粿飄香的時節——新年

漢人社會以農曆正月初一為新年之始，也稱為元旦、新正、端日、上日等，一般都以正月初一到初五「隔開」，為新年的終止；但也有人認為新年假期應到十五「上元」為止，其間有許多風俗，如穿新衣、拜年、貼春聯、吃年菜等，已成為家家戶戶在新年時必須遵循的習俗了。

• 民間舊俗認爲，蒸年糕時，如果說錯話，年糕蒸出來會不平整漂亮，所以嚴禁小孩亂說話。

• 甜粿——年糕，取其年年高升的吉兆，是過年必備的食品。

水蒸氣從大灶上的蒸籠裡「嘶嘶」的吐出，甜粿香甜的氣息瀰漫整個廚房，我用雙手掩著嘴，看阿母俐落的往灶裡添柴，火舌把她油亮的臉烘烤得紅通通的。阿嬤掀開蒸籠蓋，將筷子插進甜粿的中心，再抽出來看看，轉頭對我說：「甜粿炊好了，你可以說話了。」

我放下掩住嘴巴的雙手，探頭看阿母把蒸籠端到桌上。熱騰騰的甜粿油亮光滑，香噴噴的誘惑著我。

「別碰甜粿！要拜過才能讓你吃。」阿母適時的制止我伸出的手，她轉動蒸籠仔細檢查後，滿意的說：「我就怕你亂說話，惹神明生氣，甜粿炊出來歪七扭八，形狀就不漂亮了。」

「我沒有說話！」我抗議的說。

「我知道，你好乖。」阿嬤在旁邊盛了一碗堆得像圓坵的白飯，和一盤青綠的菠菱菜一起端給我說：「你幫我把隔年飯、長年菜，放在灶王爺爺前面，然後插上兩枝春仔花，阿嬤等一下再去拜。」

我依吩咐完成阿嬤的交代後，跑到大門外，踮起腳尖向遠處看，沒有阿爸的身影。回到廚房，阿嬤和阿母正忙進忙出的準備年菜，怕我礙手礙腳，給我一把炸過油的豬油粕當零食，叫我出去玩。同伴都被喚回家幫忙了，只有我無事可做，無聊的靠在大門邊的牆壁吃豬油粕，眼巴巴盯著父兄回來的方向，心急的等待他們一起上桌圍爐。

天色一點一點由灰轉黑，我站在門邊望了又望，才看到阿爸和阿兄兩手提滿了東西，穿過暮色走來。我笑著跑前迎接他們，阿爸露出笑容，遞給我一個小包，黃黃的粗紙紮著細草繩。阿兄有意考我，要我猜紙包裡是什麼東西？我用手試探的觸摸後，抬頭問：「是糖果

•隔年飯、長年菜即是普通的白飯、青菜，過年時爲求吉祥、長久，而有的吉祥稱謂。

•春仔花即飯春花，是在除夕拜席的白飯上，插一枝紅紙製成的飯春花，預祝一年富裕有餘。

•早期物資不豐，肥豬肉油炸後，瀝下的油用來炒菜，豬油粕則拌白糖作爲小孩的零食。

•發粿是以再來米粉蒸出的糕點，取名叫「發」粿，有發達好運之意，是過年、喜慶不可少的食品。

•花生又名長生果，具有吉祥之意，和糖果、紅棗、瓜子等，同爲過年時不可或缺的零食。

•橘子音近「吉」，且在冬天收成，顏色金黃，是過年不可或缺的吉祥食品，因而稱爲「發柑仔」，取其吉利發財的含義。

嗎？」

阿爸點點頭，繼續往前走，我站在原地，低頭撫摸著紙包，想像糖果的樣子和甜蜜，阿兄用手上的東西輕撞我一下，催促說：「快走啦！阿爸已經走好遠了。」

我抬起頭，阿爸已停在遠處，轉頭叫喚我和阿兄了。我趕緊跑上前和他會合，留阿兄一個人提著重物，氣喘噓噓的在後面追趕。

回到家，阿嬤迎出來，一個個解開紙包，我和阿兄站在旁邊興奮的看。阿爸買了很多平時捨不得買的東西，像又圓又大黃澄澄的柑子、閃著絲光的新衣服、沖天炮和一長串鞭炮、漂亮幽雅的水仙、香脆的花生……，這些都是只有在新年才能擁有的豐盛。當然其中最讓我感興趣的，是阿爸買給我的奶油糖球，包裹在黃色玻璃紙裡又香又甜的奶油味，眞是好聞得不得了。阿嬤看我饞的口水快流下來了，趁阿爸不注意，偷偷抓了一把糖放在我和阿兄的口袋裡。我緊緊握著口袋裡的糖，和阿兄一起躲到房屋的角落，迫不及待的剝開玻璃紙，把糖含在嘴裡，讓甜香慢慢沁透齒、舌。

「阿榮、阿欽，快來幫我貼春聯！」阿爸大聲的叫喚，打斷我和阿兄的甜蜜時光，哥哥三兩下咬碎了糖，站起來就去幫忙；我捨不得就這樣吞下，鼓鼓的含在嘴裡，阿母看到，皺眉問我：「你偷吃什麼東西？」

「糖！」我張開嘴給她看，然後補充說明：「阿嬤給我的。」

「我本來要等拜完才給你們吃，……算啦！」阿母的口氣不大好，阿爸趕緊把我們帶開，幫忙他在門扇、水缸、米桶上倒貼「春」、「滿」等字，象徵春到，米糧豐足。大門的春聯比較難貼，要分左右聯，還要上下

- **倒貼「春」、「滿」，意取春到、滿到。**
- **過年時貼春聯取其迎福之意。春聯的對句多以吉祥句子書寫，傳統貼春聯是在元旦日，現今也有人除夕即除舊布新，換貼新春聯了。**

•過年時圍桌吃飯，取其團圓美滿之意。

•魚與「餘」同音，年夜飯吃魚，取其「吉慶有餘」、「年年有餘」的意思，但是當晚的魚只能看，不能吃，以求「吃剩有餘」。

對齊，就由阿爸和阿兄負責，我呢？只能在旁邊遞漿糊、刷子。

年菜做好了，我和阿兄把雞、鴨、魚、肉，和甜粿、鹽粿、發粿供在祖先牌位前，香噴噴的食物不斷勾引我想去偷吃，但是在阿母嚴厲眼神監視下，我只能不斷的吞口水。等祖宗酒足飯飽，阿爸向祖先辭過歲後，我們一家五口圍坐圓桌，盡情的享用豐盛多肉的年夜飯。

雖然桌上有魚，但是阿母說，要留著明年吃，才能「年年有餘」；而長長綠綠的芥菜也成了「長年菜」，必須留下來隔夜。我一直弄不懂，爲什麼差一天吃這些食物就是吉祥的，阿爸、阿母沒辦法解釋清楚，就板著臉說教：「小孩有耳無嘴，告訴你這樣就這樣。」好吧！反正我也不愛吃魚和青菜，隔幾天吃都沒關係。

吃完飯，阿嬤和阿爸拿出紅包，發給我和阿兄一人一個。我偷偷打開紅包，阿爸像往常一樣，給我兩塊錢，但是躺在阿嬤給我的紅包裡頭，竟是一張十元的紙幣！怎麼可能？一定是我看錯了！找到機會，我立刻躲回房裡偷看，沒錯！眞是紅色的十元。我的心不安的怦怦亂跳，小心翼翼抽出紅包裡的壓歲錢，仔細檢視這張有生以來擁有的最高面額紙幣。

「你在看什麼？」阿兄探頭進房裡問。

「沒，沒什麼。」我把錢藏在身後。

「大家在等你玩輪豆仔，快點！」阿兄催促著。

「好，你先去，我馬上就來！」

阿兄轉身走後，我親了一下十元，希望它能爲我帶來更多的好運，隨後我把所有的壓歲錢藏在枕頭下，挖出竹筒裡平時存的零錢，衝到大廳，鬥志高昂的準備和

●輪豆仔是台語發音，即擲骰子之意。

•古人相信爆竹巨大的聲音可以嚇走惡鬼，因而用火來燒乾竹子，竹節爆裂會發出巨響，是驅鬼儀式中不可少的器物，稱之爲爆竹。後來火藥取代竹子，在新年時驅邪避凶，成爲過年時不可少的物品。

•除夕夜守歲，有爲長者增壽的意思，舊俗認爲，守得越晚，父母、尊長活得越久，因此爲打發守歲的時間，並振奮精神，常在除夕夜聚賭娛樂。

家人以骰子拼博一番。

平時，大人是不准我參與賭博的，只有新年守歲才能玩玩骰子。我原先預感，今年一定能把大家殺得落花流水，贏得他們所有的賭注。可是討厭的骰子並不聽話，害我輸了三塊錢，阿爸、阿母看我嘟著嘴，不甘不願的樣子，把贏的錢都退還給我，我才高高興興的上床睡覺。

「霹靂啪啦、霹靂啪啦……」喧鬧的鞭炮聲，大清早就把我吵醒了，昨晚我們守歲到一點，奇怪的是，我卻一點也不覺得累。我在床上翻來滾去，忽然記起藏在枕頭下的奶油糖，立刻拉高棉被蓋住頭，躲在棉被裡剝開糖紙，一顆接一顆把糖塞進嘴，滿頰凸凸的奶油香，覺得眞像人間天堂。

我吃得正高興，棉被忽然不聲不響的被人掀開，阿

母雙手扠腰站在床邊，她最討厭我在床上吃東西，每次都要害她收拾好久，這下被她當場逮到，我一定慘了！不過阿母才張嘴，想起什麼似的，馬上忍住。對哦！我也記起來了，今天阿母不能罵我，因爲過年是不能打罵小孩的，所以我用最可愛、最無邪的表情對阿母笑一笑，阿母只能繃著臉，用兇兇的眼神瞪我。

穿上阿母爲我準備的新衣，我到前廳向阿嬤、爸爸拜年。阿母端出兩盤紅白甜粿，供在祖宗神位前。看到愛吃的食物，我饞得直嚥口水，阿母轉頭看到我，完全忘了剛才的事，笑咪咪的對我說：「別站在那裡流口水，快來吃湯圓，讓我們一家永團圓。」

我和阿兄一起向阿嬤、爸媽磕頭拜年，祝他們健康發財。阿嬤塞給我們一人一顆大柑子和一把糖果，阿母也盛湯圓給我們吃。等我們吃完，阿爸立刻領著阿兄和

我到親友家拜年。阿水嬸、明堂伯、金火叔、淑娟等都從外地回來過年，大家見面高興的互道恭喜，並且說些祝對方「新年大趁（賺）錢」、「祝你老康健（健康）」、「萬事如意」等吉祥話，這樣挨家挨戶的四處拜年，阿爸雖然發出了不少紅包，但我們也收到不少長輩給的紅包。阿兄偷偷告訴我，他要把錢存起來，當做生意本，我沒那麼大的志向，只要我口袋裡有糖可吃，有錢可以買想買的東西，就心滿意足了。

阿母曾教我唱過一首「新年謠」，歌詞是：

「初一早，初二早，初三睏夠飽。初四接神，初五隔開，初六挹肥，初七七元。初八完全，初九天公生，初十有食。十一請子婿，十二請查某子，返來食涪糜仔配芥菜。十三關老爺生。十四月光，十五是元宵暝。」

阿母為了讓我記住歌詞，解釋了歌詞的含義：初

一、二要早早起床，出門拜年，初三可以睡晚一點；我不知道別人初三怎麼過，我是眞的在家睏到飽，因爲穿新鞋出門拜了兩天的年，兩腳腳跟都磨出了水泡，痛得我一跛一跛的，除了在家睡覺休息以外，我還能做什麼呢？

過年前神明都回天庭去了，要到初四才重新降臨塵世，這天阿母少不了又準備許多牲禮、供品拜拜，我和阿兄則負責努力的吃。初五，是分隔節慶和平常生活的日子，也是迎接五路財神的日子，許多商號都在這天開工，阿爸的假期結束，又要開始忙碌的工作。初六那天什麼事都沒有，當然也不必「抾肥」，不過阿母告訴我，她小時候外嬤家還沒建廁所，過年時不能淸理便溺，要等初六才可以倒尿桶，所以新年謠的歌詞才有「抾肥」。我很慶幸沒有太早出生，否則就要忍受六天的臭味了。

其實除了初六不一樣之外，還有一些習俗已經變得和「新年謠」不同了，像初七，阿母不再煮七寶湯給我們吃了，而初八、初十，大人也都照常工作，只有我們這些放寒假的小孩，可以整天玩耍。至於嫁出去的姊姊，都改在年初二回娘家，十一、二兩天就不再和姊夫特地回來了；還好天公和關公老爺的生日都沒有變，我才能在寒假中吃得「肥肭肭」，不過阿母堅持，還是要在十二這天吃糜仔配芥菜，說是新年吃得太油膩，要讓腸胃清爽一下，對討厭芥菜味道的我來說，真是比死還難過！

一眨眼，就到了我最喜歡的節日——元宵節。往年都是阿公幫我們用細竹、棉紙紮出漂亮的紙燈籠，去年阿公過身了，阿兄也對我說，他已經長大，不再玩燈籠

- **肥肭肭是台語音，意指肥胖、肉多。**
- **包了餡子的湯圓，即稱「元宵」，象徵團圓的吉兆。**
- **元宵節，又稱「上元」、「燈節」，自唐朝以來，即盛行紮花燈慶祝，現今仍流行提燈活動，但大型花燈則只見於廟會或特定地點了。**

了，今年我只好靠自己做燈籠。阿爸幫我向他頭家討了一個空奶粉罐，我用鐵釘在罐身打了許多洞，還釘了一根小釘子當燭插，準備在元宵節的晚上當燈籠提出去，讓同伴們羨慕一下。

元宵節中午，阿母帶我和阿嬤到城隍廟看燈會，有好多漂亮的大紙燈，像岳母刺字啦、白兔搗藥啦、豬八戒招親啦……，都像人一樣高，廟裡還掛了許多燈謎，讓人來猜，可惜我看不懂，要不然一定可以贏很多很多獎品回去。

期待的時刻總是來得特別慢，好不容易盼到阿爸回來，一家人吃過晚飯和元宵，阿兄幫我點了一枝小紅燭，插在奶粉罐裡，閃爍的燭光透過釘孔，像滿天的星星掉在地上。我驕傲的提著自己做的燈籠，出門去找同伴，和他們一起忙碌的東奔西跑，希望照亮世界每個黑

•燈謎有各種不同的格式，製作者必須擁有廣博的學識，並具慧心巧思，製作出來的燈謎本來都寫在燈上，現代已改爲張貼在告示板上了。

暗的角落。

快樂的時光每次都過得飛快，一轉眼，連元宵節也過完了，寒假在不甘不願中結束。不過我不擔心，因爲「明年」還會再來！「新年」還會再來！

漢人的家庭結構與生活

台灣漢人的家庭制度，極少聚族而居，約三代即分家，故多小家庭，每戶平均四、五口人。家長具有絕對的權威，凡事由其作主；家產兄弟均分，女兒僅有嫁妝，無權分財產。同姓家族雖不同居，但共建「祠堂」，重要節日則聚於祠堂祭拜、共飲，因此仍具有凝聚力。

本章以清末中產階級的一日起居作息，來說明一般家庭的結構組織和生活。

天才灰矇矇亮，蔡康明就一反平時賴床的習慣，自動起身叫張姆幫他穿衣服，準備熱水漱洗。張姆把毛巾浸在臉盆揉洗時，康明急得連聲催促，希望快點結束這些例行公事。張姆被催得心慌，手勁大了點，毛巾擦痛了康明，他唉叫一聲，擺脫張姆，就往大廳衝去，張姆跟在後面追，康明不顧路的往前跑，一頭撞上捧著托盤的莊氏，「哎呀！」一聲驚叫，托盤傾倒了，盤裡的糖果、水果、發粿，掉了一地。莊氏平和的臉色立刻翻面，帶著怒氣質問：「大清早慌慌張張幹什麼？」

康明低垂著頭，偷偷窺看母親的臉色。張姆惶恐的賠禮說：「失禮，夫人，小少爺是想去找老太爺……。」

「阿公還沒起來，你不必這麼早去找他。張姆，你先帶康明去吃早飯，再過來幫我收拾這些供品，好拜祖先神明。」莊氏板著臉，斬釘截鐵地說。

張姆低頭應是，拉著康明要到廚房去；康明抬起頭，在母親眼裡看不到一點妥協，便識趣的乖乖跟張姆走。招弟在廚房裡忙，旺盛的灶火烤紅了她的臉頰，灶上的大壺正「呼嚕、呼嚕」的滾沸著。張姆和康明一踏入廚房，招弟就驚訝的張大眼睛問：「今天有什麼特別的事嗎？爲什麼小少爺這麼早就起來了？」

張姆苦笑說：「昨晚老太爺在吃飯時說，有人送了一匹馬給住在城隍廟旁的李秀才，小少爺吵著要看，老太爺答應今天早上帶他去看馬。」

康明惱羞成怒的說：「我早點起來有什麼好奇怪？要你們問東問西？招弟，我肚子餓了，趕快添沺糜！」

招弟不敢怠慢的把配菜醬瓜、鹹蛋、花生和菜脯蛋端上桌，並爲康明盛好一碗熱氣騰騰的沺糜。張姆叮嚀

•祭拜祖先是中國孝道的思想根源，一般百姓多於正廳供奉父祖的神位，定時舉行祭祀，且每天早、晚上香祭拜。

•沺糜是台語音，稀飯的意思。

康明說：「你在這裡慢慢吃，小心別燙著了，夫人叫我去幫忙，等我弄完了，再陪你去請老太爺起床。」

「你別煩了，要去就快去，我要吃飯了。」康明不耐煩的揮動筷子要張姆走。張姆向招弟比了個手勢，請她幫忙看好康明，招弟會意的點頭，張姆才轉身離開。

張姆一走，康明就擱下碗筷說：「泔糜這麼燙，要怎麼吃？」不等招弟反應，康明站起身，就往外面跑。招弟追出去問：「小少爺，你要去哪裡？」

「去找阿公。」康明言簡意賅的回答。

「不行啦！老太爺還沒起來，不可以去吵他。」招弟著急的拉住康明。

康明毫不理會，拽著招弟走到阿公的房門外，舉拳「乒乒乒乒」敲起來，還大聲嚷：「阿公，起來了。」

「噓！」招弟趕緊豎起食指放在脣邊，要康明噤聲。

「阿公，起來了。」康明更大聲的叫喚、敲門。

招弟著急的拉著康明離開門邊，輕聲的哀求說：「小少爺，拜託你別吵！吵醒了老太爺，我會挨罵的。」

康明不依的大聲叫嚷：「放手啦！讓我叫他起來。阿公答應我，今天早上要帶我去看馬的……。」

招弟拉著康明，既不敢放手，又不知如何安撫他，進退維谷的僵在房外。房門「伊呀！」的開了，萬財舍穿著白綢睡衣站在門口，皺著眉問：「你們在吵什麼？」

康明掙脫招弟，奔向萬財舍，拉著他的手撒嬌說：「阿公，你答應過我，今天早上要帶我去看馬的，對不對？招弟竟然不相信我，你一定要好好教訓她。」

•收買來使喚的幼女，稱爲查某嫺。家長擁有絕對的支配權，社會上不承認其人格，形同奴隸。「查某」爲女子之稱，「嫺」意爲卑賤之女。

•除了炎夏以外，台灣人洗臉都用熱水，以毛巾溼水拭面。

萬財舍嚴厲的看了招弟一眼，轉頭對康明說：「誰不相信我孫子的話，就是不相信我說的話。」

招弟嚇得雙膝跪下，低頭分辯說：「老太爺，招弟只是一個查某嫺，怎麼敢這樣想……。」

康明沒等她說完，拉著阿公往房裡走，說：「阿公，別理她，你趕快洗臉、吃飯，好帶我去看馬。」

隨後轉頭吩咐招弟幫萬財舍準備洗臉水。招弟端水回來時，雙眼微紅，康明心裡掠過一絲不安。萬財舍梳洗、換裝完畢，逢春和莊氏來請安，莊氏看到兒子，嚴厲的瞪他一眼，康明往阿公背後縮躲，萬財舍看出媳婦的眼色，淡淡的問：「康明一早沒闖什麼禍吧！」

莊氏連忙搖頭，逢春忍不住開口：「阿爸，你太寵康明了，這樣下去對他不好。」

「有什麼不好？你們兄弟不是我這樣寵大的，現在

•台灣習俗中，家產屬於家族全體，一家的尊長爲家族的代表者，獨有管理處分的權利，父祖在世時不允許有私產，及其死後，也不一定要分割家產，認爲永不分割是種美德。如果要分財產，則採均分制，但女兒除了嫁妝外，不得與兄弟分產，除了嫡子可均分財產外，嫡長孫也可分得一份。

•家族是由家長統轄，家長具有絕對的權威，縱使家中成員有直接收入，亦屬於家長，其他人不能自由處理。

反倒說我教得不好？還沒分家你們就按呢講我，如果分完財產，我不是要被你掃地出門啊！」萬財舍越說口氣越嚴重。

逢春低頭連聲賠不是，萬財舍才消了氣，轉頭要招弟端早餐來，一家人在內廳用了飯。逢春向父親請示了一些生意的事務後，萬財舍才領著康明出門。

清晨的街市冷冷清清的，只有一些叫賣早點的小販在街上穿梭。康明隨阿公穿街走巷的來到蔡氏米行，長工阿貴已經打掃好店面，等待客人上門了。萬財舍問他一些事情，阿貴恭謹清楚的回答後，萬財舍滿意的帶著康明坐上候在門外的人力車，往城隍廟的方向走去。路上萬財舍叮囑康明說：「阿貴是個難得的夥計，他在我們家做了十幾年，一直都勤勤懇懇，很少犯錯，你以後要多向他學習、學習。」

「我不需要做事，我只要叫張姆、阿貴叔幫我做就好了。」康明不經心的回答。

「傻孩子，每個人都有自己的責任，無法依賴別人為你扛起來，何況阿公不能陪你一輩子，以後你要面對許多問題，必須自己學會解決，這是誰都無法替代你的。」萬財舍殷切的教導康明。

「阿公一定會長命百歲，活得比我還久。」康明不愛聽阿公說教，拉著萬財舍的手撒嬌。

對這個長孫，萬財舍疼入心坎，從小就捨不得打罵，更不許別人欺負，走到哪兒，一定帶著康明；蔡家偌大的家產，幾個兒子早吵著要分了，萬財舍不肯妥協的部分原因，是他想等康明長大，這樣康明分到的那份財產才不會被他爸爸挪用，但是眼看康明還這麼孩子氣，萬財舍不禁暗暗嘆氣，更為康明的將來操心了。

車伕汗流浹背的帶著康明祖孫來到李秀才家，李秀才聽到康明專程來看馬，立刻吩咐長工帶他到馬廄去，萬財舍則留在客廳和李秀才聊天。陰暗的馬廄裡，一匹深棕色的高大駿馬，正噴著鼻息，跺著蹄子，不安的來回奔馳，康明有些害怕的站在柵欄外遠遠的看，長工告訴他說：「這匹馬還沒完全馴服，不過光看牠的神態、毛色，就可以知道牠是一匹好馬。」

「我可以摸摸牠嗎？」康明渴望的問，他的眼光一刻也沒有離開過馬。

「現在恐怕還不行，等再過一段時間，馬馴服後，就是讓少爺騎騎，我想都沒有什麼關係。」長工說得很篤定。

康明靜靜的看著棕馬跳躍、翻騰，欣喜似湧泉般滿溢出他的心靈。他從沒見過這樣高大、美麗的動物，牠閃閃發光的皮毛，豐滿而有彈性的肌肉，展現出無窮的生命活力，令康明目眩神迷，恨不得自己也變成一匹小馬，跟隨在棕馬身邊，昂首揚尾的在草原上追風逐月，過著逍遙自在的生活。

康明趴在欄杆上盯著棕馬看，直到長工出聲催促，他才戀戀不捨的回前廳。萬財舍領著康明辭別李秀才，回家用過午飯，大人都回房小睡去了，康明興奮得睡不著，由招弟陪著到書房讀書。

瞪著攤開在書桌上的論語，康明一顆心卻縈繞在棕馬身上，他滿心滿腦想的都是棕馬跳躍、長嘶、奔馳的神駿模樣，他發誓一定要阿公也幫他買一匹馬。想到得意處，康明不禁笑出聲來，他不好意思的轉頭看看招弟，發現她已經趴在茶几上睡著了。

招弟長長的睫毛像展開的扇子，輕輕覆掩著眼瞼，雙頰洋溢著青春的紅暈，豐潤的臉龐漾著水嫩的光澤。在招弟的臉上，康明看到和棕馬一樣閃亮的生命光彩，眼前這個招弟，和平時老被康明欺侮，害怕膽怯的招弟似乎完全不同。

康明盯視的眼神驚醒了招弟，她慌亂的站起身，怯生生的道歉：「失禮，小少爺，我不小心睡著了。」

發窘的康明隨便找個話題，轉移自己的尷尬：「你幾點起床，幾點睡覺，爲什麼不管什麼時候，我都看到你在做代誌？」

招弟老老實實的回答：「我每天大概四、五點起床，燒水、煮飯；晚上要關門戶、熄火種以後才能睡，睡覺時多半是半暝十一、二點了。」

招弟的語氣裡沒有不滿或埋怨。康明扳著指頭算，然後不可置信的問：「你每天只睡五、六個小時？」

招弟點點頭，康明衝動的往書房門外走去，不高興的嚷著：「這簡直是虐待人嘛！我一定要跟媽媽說，怎麼可以這樣。」

招弟拉住康明，哀求的說：「小少爺不可以，我是賣到你家的查某嫺，要我做什麼我就做什麼，更何況夫人對我很好，不管吃、穿都很照顧我，比起其他被賣的女孩，我已經很滿意了。」

論年齡，十幾歲的招弟不比康明大多少，她卻要忍受勞役辛苦，更經常被康明欺侮，相較之下，康明覺得自己實在太幸福了。他當下豪爽的承諾：「你放心，我要阿母收你作養女，以後就不會再有人欺侮你了。」

招弟微微一笑，沒有接腔；康明在招弟淡然的笑容裡，看到了不信任，他坐回書桌前，對著論語生悶氣。沒多久，康明的頭就不聽使喚的搖擺起來，他怕阿爸到書房抽查，努力撐開眼皮，但是睏意終究戰勝了意志，他垂下頭趴在桌上，沈沈的睡去。

康明從陰沈的夢魘中驚醒時，招弟已經不在了；他離開書房去找阿公，阿公屋裡也空無一人，康明再轉到莊氏房裡，阿母告訴他，阿公有事到祠堂去開會了。阿公很喜歡去祠堂，三、兩天就去一趟，但是祠堂也是康明唯一不愛跟去的地方，負責管理族裡事物的族長、幹事，經常在祠堂裡爭論得面紅耳赤，害他每次都坐立難安，不知道該幫誰才好；而阿公說到祠堂開會，十次有八次都只是些老人家在泡茶聊是非，對康明來說，這實在是最無聊的事了。

康明沒趣的到廚房找招弟說話，卻只看見張姆一個人在剝毛豆。張姆不滿的對他說：「夫人讓招弟到街上買點針線，不知道這查某囝仔被什麼事耽誤了，到現在

•家族分居後，仍重宗族，往往共同出資建家廟，即俗稱的「祠堂」。祠堂分大、小宗，大宗是指同姓皆可入祠供奉，不必同支共派，所祀祖神，爲唐山祖，如陳姓祀唐朝開漳聖王陳元光。小宗則祀開台祖，即該家來台的第一代祖先，如嘉義太保王家祠堂，供奉的是王家來台始祖王奇生。

還不見人影。」

話聲才歇，逢春就一反常態，領著阿貴提早打烊回來，並且神情嚴肅的吩咐張姆關緊門戶。康明好奇的跟著阿爸走進前廳，想知道原因，莊氏剛好由後堂出來，看到丈夫，也驚訝的問：「你今天怎麼那麼早就回來了？」

逢春皺著眉頭，不高興的回答：「王、陳兩姓發生械鬥，拿刀動槍的打到街上了，我發現情勢不對，要阿貴早點打烊休息，你們也不要出去，免得危險。」

「壞了！」莊氏擔憂的說：「我讓招弟到街上買針線，她到現在還沒回來，該不會發生事情了吧？」

話說完才一會兒，大門外就傳來又急又亂的「砰砰」敲門聲，張姆安慰大家說：「一定是招弟回來了，我去開門。」

•台灣漢人都由大陸移民而來，初來時有許多年輕氣壯的墾荒人，因經濟、土地、水源等因素起衝突，部分同姓、同鄉之人便聚合在一起，對抗與他們爭奪利益的人，因而經常糾眾鬥毆，甚至導致械鬥傷人，而造成早期移民的最大問題。

張姆剛拉開門栓，四、五個人就衝開了門，擁進大廳，張姆首當其衝，差點被撞倒。

「小心，小心。」那些人邊招呼大家讓路，邊小心的用門板抬著一個人進來。康明湊近身看，門板上躺著招弟，她雙眼緊閉，顯然已經昏暈過去，頭上、髮上黏結著紅褐色的血塊，看得人怵目驚心。

莊氏招呼那些人將招弟放在地上後，問其中一個人：「錦舍，招弟怎麼會受傷，是被誰打的？」

「我不知道是誰打的，剛才我經過布莊旁邊的巷子，就看到招弟躺在地上，我猜她可能是遇到了械鬥，被誤傷的。」錦舍回答。

逢春向錦舍一行人道謝後，送他們出門。莊氏讓阿貴馬上去請大夫。張姆用溫水輕輕擦洗招弟的傷口，康明站在一旁，俯看招弟失去血色、冰冷蒼白的臉，完全

•閩南人稱富人家的男子爲「錦舍」。

不能理解爲什麼才一會兒工夫，一個人就完全變了樣，那個下午還閃耀著青春光彩，溫柔的和他說話的招弟，到哪裡去了？

爲了避開可能的危險，逢春派人去接萬財舍，老人家回來時已經很晚了。昏迷不醒的招弟依然沒有清醒，康明幾次到她房裡探看，招弟都直挺挺的躺在床上，手指連一點輕微的顫動都沒有。

康明感到一種哭不出來的難過，哽塞在心頭，覺得招弟的不幸自己也有責任，如果下午讀書時，他堅持不要招弟陪伴，也許招弟就可以早一點去買針線，而不會遇到這種不幸了。

莊氏和張姆輪流守在招弟身旁看護，那晚阿母沒有盯著康明背晚課、吃點心、洗手腳、睡覺，康明卻不像平常一樣，爲偷到的自由而高興。家裡每個人說話都低聲細語、輕手輕腳的，彷彿預告著什麼事即將發生。

康明受不了這股沈悶，早早熄燈上床，希望趕快睡著，逃開壓力，但是他躺在床上翻來覆去，怎麼也無法入睡。冷冷的寂寞像鑽進骨髓中的冰雪，康明緊緊裹住被褥，寒意從腳底竄上來；蜷曲起身體，冰冷由心頭往外冒……康明輾轉著，雙眼瞪視黑暗的虛空，忍不住不停的想：生命到底是什麼？爲什麼既能像棕馬一樣意氣風發，又能在轉瞬間奪走生氣，把招弟變得像石頭一樣冰冷、僵硬？沈沈的黑暗，掩藏了問題的答案，康明努力的想從中挖掘出生命的眞相。

第一次，康明在黑夜的護翼下，失眠了！

重男輕女的農業社會

漢人以農業為主的生產方式，需要大量的勞動力，男性便以體能占有優勢，而形成「男主外，女主內」的家庭結構；在社會資源被男性長期把持的情況下，女性社會地位低落，不但沒有生命、財產的自主權，甚至被視為「賠錢貨」，一出生就被溺死。貧窮人家往往因食指浩繁，販賣女兒給別人做養女、童養媳或查某嫺，而衍生出許多人倫悲劇。

「阿茵，阿茵，」錢嫂站在中埕，大聲喚著女兒，四周悄無人跡，不見阿茵的蹤影。錢嫂叫得火起，生氣得罵開來：「這個死囝仔又跑到哪裡偷懶了？叫她燒水幫弟弟洗澡，竟然躲得不見人影，等下被我找到，不剝她一層皮，就算她走運。」

錢嫂猶不死心，四處找了一遍，仍不見阿茵，才氣呼呼的回廚房繼續煮飯。她忙著切、洗時，還在乳奶的小兒子哇哇大哭，燃起錢嫂一腔熊熊怒火，她隨手操起竹帚，走出廚房，更大聲的叫喚：「阿茵，阿茵……」

一個女孩遠遠的蹦跳著跑來，看到錢嫂怒氣沖沖的站在路中，她老遠就站定，不敢再往前走。錢嫂怒不可遏的罵：「死囝仔，跑到哪裡去了？叫你做點事，就跑去躲起來，今天不好好教訓你，我就不是你老母！」

阿茵站在遠處急急分辯：「阿母，阿爸叫水榮來，要我拿畚箕到田裡，那時你在睡午覺，我不敢吵你，又怕阿爸等著用，所以就自己送去了。」

錢嫂一時語塞，阿茵看媽媽臉色和緩了，低頭匆匆往前走，在與母親錯身而過時，錢嫂的竹帚還是「刷、刷」的落在阿茵腿上，她怒氣未消的數落阿茵：「送個畚箕要多久？去到日頭快下山了才回來，你還不是乘機跑去玩了。」

阿茵不敢分辯，任由母親打幾下出氣。細細的竹枝抽打在腿上，立刻浮出一道道紅痕。錢嫂揚頭扠腰，用掃帚指著阿茵問：「下次還敢不敢貪玩？」

阿茵垂著眼默默的搖頭，錢嫂語氣略爲緩和的說：「先幫弟弟洗身軀，再去切豬菜餵豬。」

拖著步子往廚房走去的阿茵，被一道抽上小腿肚的火辣，打得往前跑，錢嫂火爆的聲音響在她的背後：

「你沒聽到弟弟在哭嗎?拖拖拉拉的，存心故意整我啊!如果弟弟哭出病來，就剝了你的皮。」

阿茵幫弟弟洗好澡，抱給媽媽餵乳，然後接手煮晚餐的飯菜。平時通紅的灶火，今天不知怎麼就是燒不旺，阿茵往灶裡添柴，卻燒出一篷篷黑煙，薰得眼淚直流;她急著用火箝通火，火苗逐漸竄燒起來，紅豔豔的火舌舔著鍋底，阿茵的焦慮才略微降低;她盡可能的加快動作，希望趕在父兄回來前做好事情。

錢添丁和兒子阿勇下田回來時，阿茵才把最後一道菜鏟進盤子裡，還來不及燒熱水，讓爸爸和哥哥洗澡。添丁一臉疲憊的走進屋裡，不給阿茵任何解釋的機會。阿勇皺著眉頭，右腳結結實實踢上妹妹的肚子，阿茵冷不防被踢一腳，痛得跌坐在地上。阿勇一口唾液吐在阿茵身邊，兇狠的咒罵:「我在田裡做牛做馬，回來還沒有熱水洗澡，養你這種貨色有什麼用？去死好了！」

阿茵既驚又痛，一句反駁的話都說不出來，她瞪著阿兄走進屋裡的背影，好半天才從地上爬起來，忍著肚痛舀水放在灶上燒。壺裡的水慢慢溫熱，坐在灶前的阿茵心底卻越來越冷，她不斷自問：媽媽和哥哥爲什麼這樣對她，是她哪裡做錯了，或她原本就是個「顧人怨」的人？

光線由門、窗迅速的逃逸出去，阿茵警覺時，廚房已經全暗了，只有星星微火在灶裡跳躍。阿茵利用灶爐的餘光，很快的剁切好豬菜，拌在殘羹剩飯中，拿到豬寮餵豬。

母豬胖胖一見到端著盆子的阿茵，長嘴就親熱的拱過來，摩擦著她的小腿，幾條小豬仔也聚攏在阿茵腳邊。阿茵倒下飼料，望著胖胖和豬仔們，各據豬槽的一角，「咂咂」有聲的咀嚼。阿茵坐上豬欄，對胖胖絮絮的訴說自己的委屈：「胖胖，你知道嗎？我今天又被打了，不知道爲什麼，阿母和阿兄老是打我，他們卻很少打兩個弟弟，有時候明明我沒做錯事，也要挨揍；像今天，我熱水燒晚了，可是那是柴火的問題，哥哥不分清紅皀白，就踢我肚子一腳，到現在我還覺得疼呢！」

母豬從食槽抬頭，「哼嚕」出聲安慰阿茵。阿茵皺著眉，凝望黑暗的虛空，好一會兒，才艱難的開口：「胖胖，你知不知道，爲什麼媽媽會偏心，是我做得不好，還是因爲我是女孩？」

胖胖「呼嚕、哼嚕」的發出一串鼻息，阿茵在這些聲音中找不到答案，她嘆了一口氣，躍下豬欄，扣好豬圈門，沒精打采的走回廚房。在黑暗中靜靜的等了一會兒，阿茵估算著父兄差不多吃飽了，才離開廚房到前廳去吃飯。她穿越中埕，靠近廳房時，聽見媽媽激動的大聲說：「不行，我不答應，阿茵已經九歲，給王家當養女太大了，一定會被虐待的。」

添丁低沈著嗓音說：「你答應也好，不答應也罷，錢我已經收了，阿茵到王家做養女這件事，就這樣決定。」

阿茵停下腳步，豎起耳朵，靜靜的站在門外，大氣都不敢喘一下。媽媽激怒的聲音傳出廳外：「你怎麼可以這樣自作主張？爲什麼不想想家裡的情形？阿母生病要人侍候，阿雄、阿海還小，一家大大小小全靠我一個人照顧，有時候又要幫忙你下田，我就是有三頭六臂也忙不過來，好不容易阿茵長大一點，可以分擔一些事了，你就要把她賣去當養女，你存心要我做到死嗎？……」

●買斷他人的女兒作爲自己的子女，稱爲「養女」，養女的目的大多爲使其操作家務、賤業或轉賣。

•台灣習俗男主外，女主內，家中經濟由男性主持。婦女雖負責所有的家務及炊事，但地位低落，一出生卽被視爲「他人家神」（卽別人家的神祖），而不算是家中的一員。吃飯時先由家族中的男人吃，然後女人才吃，甚至還任由父兄買賣，「男尊女卑」的差異十分明顯。

阿勇打斷母親的話，插嘴說：「阿母，阿爸不是這個意思，他讓阿茵到王家去，也是爲了改善生活。你也知道，阿爸一直想買隻牛來幫忙犁田，剛好阿罔家那隻母牛要賣，阿爸看那隻牛還很健壯，阿罔開的價錢也合理，就想乘機買下，有了牛，耕田輕鬆，你就可以不必再下田了。」

錢嫂降低了說話的聲音，語氣緩和的問：「買牛的錢不能和阿罔商量，等過年再給她嗎？那時小豬也大了，賣了以後，再湊些錢，阿茵就可以留在家裡，不必到王家去了。」

「你在說什麼㾓話，阿罔如果不是缺錢，怎麼會把牛便宜賣給我們？」添丁口氣不悅的說：「再說阿茵只不過是個賠錢貨，早晚都得嫁出去，你那麼不捨有什麼用？」

「對啊！」阿勇附和父親的話說：「趁阿茵還能幫忙時，多讓她幫幫家裡，否則長大以後還要爲她準備嫁妝，那不是大大的蝕本？再說王家有財有勢，不管吃的、穿的都比我們好，阿茵去王家，不會吃苦的……」

阿茵聽不下去，轉身倉皇的逃到阿嬤的房裡，靠著門板，她渾身抖顫的不能自己。阿嬤聽到聲響，從床上抬頭向門外看，問說：「誰呀？」

阿茵從門邊暗處走出來，低聲回答：「是我，阿嬤。」

「乖孫，是你啊！阿嬤現在不餓，等晚點再吃。」阿嬤又倒回枕上，聲音虛弱的說。

「阿嬤！」阿茵撲到床前，眼淚撲簌簌的落下。

「怎麼啦？乖孫，你哭什麼？」阿嬤用手撫摸阿茵的頭髮，溫柔的安慰她說：「有什麼事告訴阿嬤，阿嬤爲你作主。」

阿茵哭得更凶，抽搐著說不出話來，屋裡除了哀哀的哭聲外，一片靜寂。肝腸撕裂的哭聲漸趨細微，阿茵擦乾眼淚，抽抽咽咽的對阿嬤說：「阿爸……要把我賣……賣給王家做養……養女，我不想去，我……我要留在家裡。」

「你阿爸怎麼忽然要你去做王家的養女，這事我爲什麼不知道？」阿嬤驚訝得從枕頭上抬起頭問阿茵。

「阿爸今天回來說的，」阿茵慢慢能控制情緒，清楚的說話了：「阿爸說他要買阿罔家的牛，錢不夠，就把我賣給王家。」

阿嬤沒有接腔回答，阿茵沒由來的打個冷顫，長長的靜默一寸寸加深她的猜疑，她聲音乾澀的試探著問：「阿嬤，我應該去王家做養女嗎？」

「哦！阿嬤是想起以前，一眨眼已經六十多年了，時間過得好快。」阿嬤眼裡升起一層薄霧，她凝視著黑暗，彷彿對著遙遠的虛空說話：「那時，我和你差不多大，我還記得，我和阿爸、阿母、小弟、小妹住在一間小小的茅草房裡，阿爸向錢家租了幾分田耕作，那時生活還過得去，我每天幫爸爸耕田時，都會看到去上學的查埔囝仔，我好羨慕他們，希望有一天也能和他們一樣上學讀書……。」

阿嬤停了下來，光彩的表情轉爲黯淡。阿茵從來沒有聽阿嬤說過以前的故事，新鮮夾雜著好奇，讓她忍不住催促阿嬤：「後來呢？你去上學了沒有？」

「傻孩子，那只是阿嬤的傻想罷了。後來阿母生病了，她病了好久，家裡所有值錢的東西全都典賣完了，可是阿母的病還是沒有起色，爲了請醫生給阿母看病，

•以作自己兒子將來的妻子爲目的，所收養的女子，稱爲「新婦仔」。由於正式婚姻必須大量聘金，而收養年幼女孩只須少量金錢，所以在一般中、低階級，常以此法爲兒子先討一房媳婦。

•送做堆卽讓新婦仔和收養家庭的兒子正式成婚。

•查埔囝仔是台語音，卽男孩子。

阿爸不得已把我賣給錢家當新婦仔。我還記得要送我到錢家的那天，阿母拉著我的手，哭著跟我說對不起。我雖然知道這一去，可能再也見不到家人了，但是我拚命咬著牙忍著不哭，因爲我知道，如果我不去錢家，阿母的病說不定就不會好，我不希望弟妹沒有阿母的照顧……。」

阿嬤彷彿說累了，垂下眼，靜靜的倚著枕；阿茵坐在床沿，耐心的等待。再張開眼，阿嬤眼裡閃耀著晶瑩的波光，一朵微笑浮現在她的臉上，她開口繼續說：「到了錢家，我每天天不亮就起來做事，半暝才能休息，但是想到阿母有錢治病，再苦我都甘願。過了五、六年，錢家看我長大了，把我和你阿公『送做堆』，你阿公對我也還不錯，這樣一晃眼，我在錢家已經待了六十多年。」

阿茵關心著另一樁事，急切的追問：「阿嬤，你離開家以後，再也沒有回去過嗎？」

「沒有，阿爸送我到錢家後不久，他和阿母來看過我一次，告訴我說，有朋友介紹他們到內山開墾，等安頓好了，再託人來通知我。我等了又等，卻像風箏斷線，從此都沒有再聽到他們的消息。」

阿嬤的聲音逐漸細弱，她的故事卻在阿茵的心裡激起巨大的波濤。過了好一會兒，阿茵表情堅決的說：「阿嬤，我願意去王家了。」

阿嬤露出慈祥的笑容，拍撫阿茵的手說：「乖孫，我知道你最體貼別人，阿嬤告訴你這個故事，並不是要你也像阿嬤一樣，小小年紀就離開家；阿嬤是希望你阿爸改變主意，雖然買牛很重要，但是沒有什麼比一家人在一起，同甘共苦更幸福的，你阿爸應該懂得這個道理才對。」

「可是阿兄說我是賠錢貨，應該多幫家裡做點事。」阿茵有些徬徨。

「那是你阿兄不懂事，你不要把他的話當眞。」阿嬤微笑的看著阿茵說：「有人說，女人的命像油麻菜仔，撒在哪就長在哪。這句話有幾分道理，因爲女人的韌性強，在任何環境下都能生存；逆來順受久了，男人就以爲女人沒用。阿嬤活到七十多歲，唯一學到的，就是要對不合理的事說『不！』，這樣別人才不敢欺負你。」

「可是……阿母教我，女孩子要順從，不可以違抗男人，阿嬤卻要我對阿爸說『不』，我不知道該聽誰的才對？」阿茵困惑的說。

「傻孩子，阿嬤教你的是，不管對誰，只要事情不合理，就要有拒絕的勇氣。阿嬤記得你剛出生的時候，你阿爸不喜歡女孩，要把你送去給別人當養女，是你阿母堅持不肯，才留下你，如果當時你阿母不拒絕，你現在也許眞的像油麻菜，不知道長在哪裡了。」阿嬤略微喘息說：「雖然你阿母有時對你很嚴，但是她也有她的苦心，現在你也許不懂，等長大以後就會了解了。」

阿茵看著阿嬤，她在祖母眼裡讀到的慈藹和智慧，讓她的心安定下來；阿嬤微笑的輕撫她的頭說：「明天我會和你阿爸、阿媽講，我給他們錢去買牛，絕不准他們把我的乖孫送去換牛，這樣你就放心了？」

阿茵點點頭，綻放出開懷的笑容，明天對她來說，又充滿了無窮的新希望，她決定要向阿嬤學習，做一棵堅強的油麻菜，對不合理的事，勇敢的說「不！」。

台灣住宅建築特色

台灣的住家建築形式，分院落和連幢兩種。院落式是普通住家，為單獨建築，有一字型、凹字型和口字型三種；結構完整的，築有外垣牆，設外門、庭院。連幢式住宅即市街店鋪，兩家共鄰一堵牆壁，戶戶相連，並將屋簷銜接向外突出，簷下成為行人通道，稱為「亭仔腳」。

朝陽穿過寬闊的欖仁葉，洩了我滿身金芒，但是再美麗的妝扮，也無法讓我重新贏得人們的青睞，殘破傾圮的屋瓦牆壁，嗡嗡成群的蚊蠅，放肆橫長的雜草，隨意棄置的垃圾，路過的行人都以爲我只是一片荒涼，等待著開發。他們哪裡知道我也曾美麗輝煌過？更沒有人想到，我曾經庇護過多少家人？一百零八年的時光，就像一眨眼的好夢，醒來什麼都不剩，只留下我孤單單的面對這片荒湮蔓草。

多嘴的麻雀說，我不該抱怨，因爲我已經活得像樹和石頭一樣久了，但是沒有人住，不被關愛的屋子，活著又有什麼意義？我想念小孩穿梭在我懷裡的熱鬧，主人爲我整修的溫柔，人類悲喜交集的種種情緒……。哦！有那麼多令我懷念的事，讓我堅信：厝，必須住人，才有活潑的生機！

•厝，音ㄘㄨㄛˋ，南方人稱家或屋子叫「厝」。

「古厝爺爺，你在想什麼？」麻雀三三收斂翅膀，輕巧的落在牆頭。

「三三，你怎麼還在家？」我有點驚訝的問他。三三住在旁邊的欖仁樹上，每天清早就出門，今天不知道爲什麼這麼晚了，還沒去找蟲吃？

「我是特地回來通知你的。」三三一臉興奮的說，「我在綠山坡，聽到奇怪的人說，要到這裡，我就先趕回來了。」

「什麼綠山坡？什麼怪人？你把話說清楚，含含糊糊，誰聽得懂？」我責備他說。

「就是這條路往北走的那座小山，有四個戴奇怪帽子的人，他們在山坡上往這邊指指點點，我好奇的湊過去聽，發現他們要到古厝來，不等他們上車，我就先回來通知你。」三三這次說得可清楚了，我卻聽得心裡乒乓跳，想踮起腳尖看看那些人類，可是牢固沈重的地基，把我死死的釘在地上，動彈不得。

三三才說完，汽車引擎的轟隆聲由遠而近傳來，停在不遠處，隨後「悉唆」的枝葉折斷聲，逐漸向我靠近。我的心跳也跟著加快，究竟來的會是誰呢？

我面前密密的雜草和灌木終於被分開了，四個戴不同帽子的人魚貫向我走來，在看到我的瞬間，其中最年輕的那個脫口驚叫：「好破的房子！」

看在他年輕的分上，我原諒他！如果他和我一樣，歷經一百多年的風吹、雨打，還能完整如新，我就佩服他！

那四個人小心的踏著斷磚殘瓦，撥開蔓生的長草，穿過破牆，走到大埕。院子裡的欖仁樹抖動枝葉，沙沙的唱出歡迎之歌。四個人站在陰涼的樹下，環顧周遭，

•早期來自福建的磚，即是閩南磚，多有百年以上的歲月，磚色金黃，形狀方而且薄，由於燒製時堆疊，沒有燒透的側邊留有黑色條紋，形成美麗的紋理。

•以閩南磚砌牆，排列爲一橫，一豎，有如中空的箱子，稱爲箱形砌法，內置土确或卵石、碎磚，故又稱「斗子牆」。

年紀較長的開口說：「我五歲時搬離開這裡，沒想到一晃眼就過了四十五年，這裡變了好多。」

「爸，這就是你說的好優美、好寬敞的古厝啊！」又是那個魯莽的少年人，表情誇張的嘲諷我。

「雖然有點年久失修，不過二進一院的四合院形式還很完整，只要加以整修打掃，就能再住人了。」把斗笠拿在手上當扇子的中年人說。

「拜託！堂哥，你眞的要回這鳥不生蛋的地方住嗎？」少年不禮貌的用手指著我問。

「家榮，這座四合院是我們祖先住的地方，雖然不像城市一樣方便，可是你看，大埕這幾棵欖仁樹，長得又高又大，不是比大廈中庭的假山假水要棒得多？而且正廳的屋頂還大致完好，兩側廂房雖然部分牆壁垮了，只要我把地上的閩南磚收集起來，照以前的箱形砌法重

•三合院前面，以房間的門屋封閉，稱爲四合院。「口」字型四合院，稱二進一院，「日」字型四合院，稱「三進二院」，「目」字型四合院爲「四進三院」。

四合院第一進爲門屋，第二進是廳堂，第三進或後進爲寢室或閨房，一般人不能隨意進入。

建，一定能讓這裡恢復舊觀的。」中年人表情開朗的說。

另一個戴草帽的中年人接著說：「家駒的想法我很贊成！你們的祖先在蓋這座四合院時，用了最好的材料，所以經過一百多年還能保持得這麼完整，如果任由它傾圮倒塌，實在可惜，我建議照原樣修復，讓後世子孫都能住在這裡……。」

這兩個人實在太可愛了！不但視貨，而且還深知我心，我一定要和他們交個朋友，三三也興奮得在一旁吱喳亂叫。我怕聽不完整那人說的話，急忙叫三三閉嘴。卻只聽到那人說：「……閩南磚也許不夠，可以找些石材做牆腳，既堅固又美觀。這座五間起的四合院，正身的部分都還完整，左右護龍的屋頂、牆壁重新翻修一下，再把腐朽的木門、舊窗換換，我想應該就能住

三合院

轆轤地

了。」

家駒拍拍說話那人肩膀，笑著說：「我就知道，老房子的事找鐘海你來幫忙準沒錯！」

「我眞羨慕你，有祖先留給你這座珍貴的百年老屋，哪像我，即使再喜歡，也只能爲他人做嫁衣裳。」鐘海的玩笑裡有著酸酸的醋味。

「等房子整理好，隨時歡迎你來住。」家駒誠懇的對鐘海說：「不過說起這棟屋子，我也很意外。你是知道的，再兩個月我就要調到台南這裡上班，我和老婆爲了找房子的事煩得很，叔叔忽然想起老家的四合院，提醒我說，雖然這裡幾十年都沒人住，但是整理、整理也許還能用。我知道你是研究老厝的專家，特地請你來看看，就連我也是第一次回老家呢！」

「說來慚愧，我們兩兄弟隨爸媽到台北打拼，一晃

四合院

一條龍

眼幾十年過去，也沒做出什麼成績，卻放任老家破敗，要是祖先地下有知，一定會罵我們不肖！」老人皺著眉，傷感的說。

我張大眼，仔細看這老頭，努力在記憶中搜尋與他有關的線索。他的眉眼、嘴形似曾相似，我記得久遠以前，有一個小小的男孩，穿屋出戶的在我懷裡奔跑嬉戲，會是他嗎?那個瘦小、愛哭的傳孝?

老人走到我的面前，伸出枯瘦的手，撫摸著斑駁剝落的磚牆，喃喃自語的說：「我是傳孝，我回來了……。」

話還沒說完，淚已順著他臉上的皺摺流下，我也激動哽咽的難以出聲，老欖仁樹感受到我們的難過，不再「沙沙」的輕浮搖擺，四周一片靜寂，只有遠處清楚的傳來「就吉，就吉」的鳥叫聲。

「叔叔，我們四處看看吧！」家駒打破沈默。

傳孝抹去淚痕，領先推開朽壞的木門，跨進幽暗的廳內，其他人也隨後跟進。條形柵欄的石窗，堅固守護著室內的安全，卻引不進戶外的燦爛陽光；木樑之間的一小方天窗，透入一束飄浮著微塵的昏黃光亮，照在蒙灰的神龕上，彷彿先人仍在室內幽幽的徘徊。

「張叔叔，你看！地上紅磚還完完整整的，眞是奇蹟！」鐘海的聲音回盪在廳堂內。

「是啊！這些地磚從我出生時就鋪在地上了，算算時間，大概也有百年歷史了吧！」傳孝用鞋尖撥開積土，望著暗紅的地磚說。

家榮跳起來，驚叫：「媽啊！這樣我怎麼走路？百年古蹟是不能隨便踩的。」

「沒關係，你照樣走，」家駒笑著說：「古蹟不是

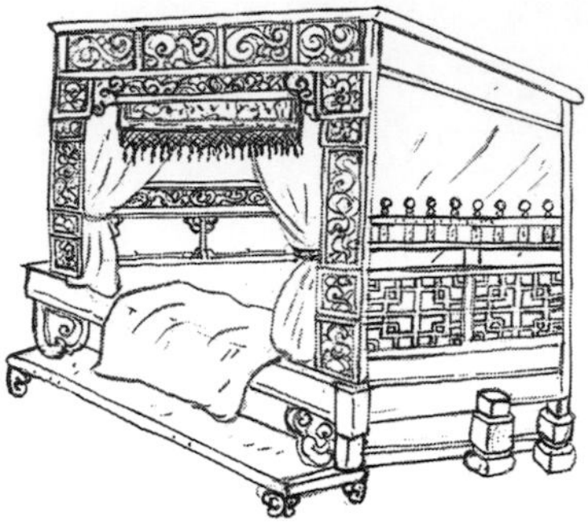

供著好看的，它是人類生活的歷史，對我們之所以有意義，是可以藉著古蹟了解從前的人，知道他們是怎麼思想、生活的，進而認識自己生命的由來。」

鐘海「啪啪」的拍了幾下手，表示贊成，跟著補充說：「家駒的觀念很正確，我就認識一些假借維護古蹟名義，卻用新建材大肆重建的人，那才是眞正的破壞呢！」

他們說這些話時，傳孝已經巡視過正廳旁的左右兩房，他站在窄僅容身的左門前向大家介紹：「這間是我阿公、阿嬤的睡房，右邊那間是我爸媽的臥室。」

大家探頭往室內看，左廂房已空無一物，傳孝解釋說：「阿公、阿嬤以前有一座漂亮的紅眠床，後來搬家時，爸爸嫌搬運麻煩，就便宜賣給人家了。」

大家發出一片嘆息，可惜紅眠床就這樣沒有了。傳孝往右走去，對家榮招手說：「過來看看爺爺、奶奶以前睡的大床。」

三人陸續穿過右邊窄門，一張大大的有頂木板床靠牆站著，占去房裡三分之二的空間，像座安全隱密的碉堡。

「哇！帥！」家榮不顧床上的積灰，興奮得跳上厚實的床板，在床上來回走，仔細看。

「我小時候最喜歡在這床上滾來滾去，」傳孝笑咪咪的沈浸在回憶裡：「哥哥和我每次都把棉被滾亂，然後就被阿母罵一頓。」

家榮跳下床，拍拍手上沾染的灰塵，偏頭打量傳孝說：「在我的感覺裡，一直以爲你就是這麼老老的，沒想到你也曾經當過小孩哦！爸，說說你小時候的事給我聽吧！」

傳孝眼神溫柔的看著家榮說：「好，我帶你去看我小時候住的房間，我和你大伯、二伯、四叔睡的是大通鋪，大家擠在一起，冬天還好，夏天就慘了……。」

父子倆說著、笑著走出廳門，家駒意味深長的看著他們的背影，半晌才轉頭笑著對鐘海說：「他們父子為一件事意見不合，已經一個禮拜不說話了。」

「難怪一路上家榮的臉拉得好長，和他講話也愛理不理的。」鐘海恍然領悟。

「你估計這座四合院整修好要多久時間？需要多少錢？我好先有個準備。」家駒提出一個實際的問題。

鐘海領著家駒往屋外走去，耀眼的陽光透過樹梢，斑斑點點的投射在他們身上。兩人四處巡視，仔細察看後，鐘海對家駒說：「正廳的大樑還很完整，只要抽換一些瓦就可以了，左右兩旁護龍廂房的厝頂要重建，右邊廚房的牆也有部分得新砌，至於壞掉的門窗，我可以幫你找現成的老窗來換，這樣就能省些時間。我初步預估，至少要半年才做得好，你覺得會不會太慢？」

「只要能恢復舊觀，要多久都沒關係。」家駒轉頭環視著我說。

「當然是越快越好，我等不及你們搬來住了！」我忍不住吶喊，激動得幾乎流淚。三三好心的勸我保重，是的，我要好好照顧身體，才能和這些可愛的孩子們永遠在一起，從今天開始，我每天都要好好清理自己，並且叫麻雀們走遠點再大便，別弄得我一身斑斑駁駁，還有，我要和老欖仁樹商量商量，怎麼說也得辦個歡迎會，高高興興迎接孩子們回家。

哦！要做的事這麼多，我沒時間傷感了。我著急的拜託小麻雀說：「三三，麻煩你替我送個信給山坡邊的

• 玻璃在百年前是昂貴的建材，建築外窗，先民多以磚、石做窗櫺，一方面防盜、防風，再方面可省下玻璃等建材，但也造成室內採光不足的現象。

綠繡眼，請他來商量歡迎會的事，還有，如果順路，請你帶些花的種子，我想種在花園邊的空地上，等孩子們搬來，就有花迎接他們了。啊！要做的事那麼多，你一定要多找幾個朋友來幫我的忙……。」

台灣人的飲食習慣

早期漢人到台灣開墾，生活艱困，飲食極為簡單，雖以稻米為主食，但多摻雜番薯，並配以醃漬的菜脯、醬瓜、豆腐乳等醃菜，烹調也以油煎方式最多，且多食用豬油。平時極少食用魚、肉，只有在宴客、祭祀時，才有豐盛的肉食可吃，一般酒席宴飲的菜色多湯湯水水，口味調理也偏向甜、酸、鹹。

「阿昌，將十顆紅蔥頭切成薄片，兩顆大蒜頭剁碎，快點！」

添財師轉頭對新來的徒弟吩咐，他正忙著翻炒一大鍋剁碎的絞肉，紅紅的火舌竄得老高，幾乎把鐵鼎都吞食了。

「哦！」阿昌應了一聲，卻仍呆呆的站在原地不動。

添財師把肉翻攪一遍，看阿昌還毫無動靜呆站著，忍不住大罵：「你是木頭嗎？叫你剁蒜頭還不快剁，佇在那裡做什麼？」

「紅蔥頭放在哪裡？」阿昌怯生生的問。

「你來了快一個禮拜，還不知道紅蔥頭放在哪裡？你知道豬是怎麼死的？和你一樣戇死的！……」

添財師脖筋鼓脹的一輪責罵，轟得阿昌更加不知所措，嘴角下撇，眼淚在眼眶裡打滾。

「哭，就會哭，哭得我都衰了。再哭就叫你媽把你帶回去！」添財師摔下鍋鏟，瞪著阿昌吼。

「你又在發什麼性地？還不快炒，肉燥要臭火焦了。」

師娘聽到添財師的吼聲，從前面的飯店趕過來勸解。添財師一邊炒肉燥，一邊沒好氣的說：「這孩子戇得齣粑癢，要他剁個紅蔥頭，告訴我說找不到蔥頭，你說氣不氣人？」

「一個大人還為這點小事生氣？」師娘搖頭說：「他找不到蔥頭，你就告訴他嘛！有誰天生就會的？小孩子不懂就要教，誰叫你要做他的司阜。」

添財師被老婆說得啞口，憤憤的悶頭翻炒鍋裡肉。

師娘轉身對阿昌說：「路在嘴邊，有什麼不懂就開口

•臭火焦是台語音，燒焦的意思。

•司阜是台語念法，即師傅。

•台灣人的飲食不喜生冷，無論如何炎暑，都喜歡熱食，認爲冷食會引起腹痛，（現今的生食習慣，多由日本、歐美所引進。）並嗜好蒜、油炸食品、肉類等。

問，不要怕，這樣才學得到功夫，知道嗎？」

阿昌點點頭，用衣袖拭去臉上的淚。師娘拉著阿昌到廚櫃邊，手指櫃旁用網袋吊掛得高高的兩袋紅蔥頭和蒜頭，說：「你師父把蔥頭都掛在這裡，要用時來拿就有了。」

阿昌拿板凳墊腳，取了蔥頭，趕緊剝切好，膽怯的對添財師說：「師父，好了。」

添財師把肉推撥到鍋邊，利用炒肉的油煎黃紅蔥片及大蒜屑，加進切碎的香菇一起爆香，淋下酒、醬油，再將肉撥回和香菇拌炒，然後倒進泡香菇的水和清水，蓋上鍋蓋，吩咐阿昌說：「等水煮滾了，改小火燜一個小時後，我再來調味。」

阿昌點點頭，站到鍋邊，專注的盯著鍋裡的動靜。

師娘笑咪咪的拉著添財師的臂膀說：「對嘛！小孩就是

要這樣教，才學得會，大小聲的罵，嚇都嚇死了，哪裡還記得你說什麼？」

添財師餘怒未消的威嚇阿昌說：「你給我好好的看著鍋子，要是臭火焦了，就剝你的皮。」

師娘邊扯著添財師往前廳去，邊說：「好了，好了，你到前面休息，這裡讓阿昌顧著就好。」

滾沸的水氣蒸騰，振動著鍋蓋，驚醒了發呆的阿昌，他掀開鍋蓋，熱氣撲面迎來，燙得他滿臉通紅，阿昌不敢叫，忍著痛探看鍋裡，肉香瀰漫在他的眼、耳、鼻間，他滿足的深深吸一口氣。

「你在幹什麼？」

背後突然有人出聲，阿昌嚇了一跳，手中的鍋蓋差點掉在地上，他轉頭看見春花捧著一疊客人用過的碗，偏著頭打量他。

•「好嘴獪蝕本」是一句俗諺，勸人說話要婉轉，才有好處。

「沒……沒什麼。」

沒由來的，阿昌的臉更紅了。春花把碗放到水槽，靠過來盯著鍋裡的肉問：「你不是往鍋裡吐嘴沫吧！」

「怎麼會呢？」阿昌尷尬的說。

「那可不一定哦！」春花似笑非笑的斜眼看阿昌說：「說不定你把剛才爸爸罵你的氣，出在鍋子裡。」

「我才不會這麼惡劣呢！你少瞧不起人了。」阿昌憤懣的說。

「跟你開玩笑的，別生氣！」春花笑著說：「你的臉爲什麼那樣紅？」阿昌摸摸臉，有點輕微的刺痛，他沒有回應春花的好意，悶聲不響的蓋上鍋蓋，轉小爐火，望著自己的鼻尖，像個入定老僧。

「『好嘴獪蝕本』，爸爸的脾氣就是吃軟不吃硬，你如果不會，好嘴向他請教，他都會教你。你不想早點學會出師，做總鋪師嗎？」

春花的話溫暖了阿昌的心，他抬眼看著春花說：

「我就是說不出別人講的那款好聽話。」

「誰要你油嘴滑舌的說好聽話？我只教你要誠懇，多說請、謝謝，這都是學習的基本。」春花苦口婆心的教阿昌。

阿昌囁嚅了半天，終於脫口說出：「謝謝！」笑容綻放在春花臉上，她點點頭說：「不錯，不錯，孺子可教。」

阿昌沒由來感到害羞，轉身藉著洗碗，躲開春花的目光。春花識趣的回前廳後，阿昌仍埋頭用洗米水，努力清洗碗碟。他一來學師，春花就像姊姊般照顧他，他也很喜歡春花的個性，可是不知道什麼原因，他老是不能好好回應春花拋過來的善意。

•台灣產稻，多以米爲主食，輔以番薯；早期台灣南部由於日照充足，番薯收成後，農人將其切細曬乾，製成「番薯籤」，和米飯同煮，以節省米糧；台灣北部則多當季食用。

•司仔工是台語音，學徒的意思。

•過身是台語音，去世之意。

又油又膩的碗，差點從阿昌手中滑落。在家裡，他也洗過碗，可是卻從不需要這麼費勁的清洗。阿母煮菜用的油，三個月也沒這裡一天多，平常家裡每天三餐吃的幾乎都是水煮青菜，加上自家醃製的菜脯、酸菜、豆腐乳，配番薯籤稀飯；偶爾吃到番薯煮的乾飯，配上菜脯蛋或荷包蛋、鹹魚脯，就算豐盛了。自從阿爸過身後，阿母帶著阿兄下田耕作，辛苦養活全家十口。他本來也想留在家裡幫忙，但是阿母認爲家裡有阿兄就夠了，阿昌應該去學點技藝，將來才有出頭的機會，所以託人到處打聽，哪裡需要司仔工。

阿昌清楚的記得，媽媽送他來「豐盛食堂」做學徒時，對他說的話：「阿昌，你已經十歲了，媽媽知道你喜歡讀書，可是我實在沒辦法再讓你讀下去。剛好蔡阿伯說有家食堂缺司仔工，我覺得你以後做總鋪師也不錯，就答應下來，至少你在那裡可以吃好一點。」

正如媽媽的希望，阿昌才來一個多星期，就吃胖了不少。每天除了白米飯拌肉燥外，添財師還會做許多好吃的菜，像「蒜泥白肉」，只用清水燙煮豬肉，切薄片蘸醬油、大蒜，就好吃得不得了，而扁魚炕白菜、金針排骨湯、筒仔米糕、肉絲炒麵、炕肉、鹹菜肚片湯……，更是讓他每餐飯都捨不得放下碗，一直吃到肚皮鼓脹，才肯罷手。

阿昌很想把這些美味和家人分享，但是添財師什麼時候才教他煮菜呢？添財師在他來當學徒前就說明，頭一年是完全做白工的，第二年每個月有十塊錢零花，以後看表現再調整。三年六個月的學徒生涯，阿昌不怕苦，只是對家人的想念，常在夜裡偷偷跑出來啃蝕他的心；而早日改善家計，更是他心心念念，難以放下的期

•早期先民生活較困苦，因此油煎、燉、蘸醬油的食物和醬菜是最普遍的食品。醃漬保存的食物依保存時間長短分別處理。蘿蔔和鹹菜是醬菜之王，爲貧窮人家佐餐菜蔬。一般家庭餐桌上以當季蔬菜爲主，加上油煎、燉的食品和醬菜，並以乾燥貯藏的蔬菜如蘿蔔乾補充。至於經濟比較寬裕的家庭，則會以味噌、山慈菇粉料理食品，而天婦羅、醋拌菜等食品也出現在餐桌上。

・總鋪師卽大廚師。

待。

「阿昌，有個好消息告訴你。」春花興高采烈的跳進廚房，眉飛色舞的說：「我剛剛聽爸爸說，大伯明天要來，你知道嗎？他是台北悅賓樓的大司阜，那是一家眞正的大飯店，有三層樓哦！我去過一次，看到十幾個廚師都歸大伯管，他做的菜不但好吃得讓人差點連舌頭都呑下去，樣子更是漂亮極了。」

「他會做得比師父好吃嗎？」阿昌想像不出比添財師做的料理更美好的味道。

春花謹慎的轉身看看廚房門口，沒有添財師的蹤影，她才低聲對阿昌說：「大伯的菜做得比爸爸還好，不過這話可不能讓他聽到。」

阿昌對悅賓樓的大司阜好奇極了，他期盼著明天趕快到來，讓他看看大總鋪的長相。

第二天在忙碌中很快的過去，客人川流不息，來了一波又一波，阿昌不停的洗碗、煮飯、洗菜、切菜，忙得忘了大司阜要來的事，等到送走最後幾個客人，已經晚上九點多了。飢腸轆轆的阿昌，疲憊的坐在廚房的小凳上，努力清洗泡在大盆裡一堆油膩碗盤，春花到廚房來叫他：「爸爸要你先別管這些碗，到前面和我們一起吃飯。」

阿昌不相信自己的耳朵，抬臉疑問的看著春花。春花又說了一遍相同的話，阿昌忍不住問：「爲什麼？」

「咦？難道你喜歡自己一個人在廚房吃剩菜嗎？爸爸這個人是『刀子口，豆腐心』，表面看起來很凶，其實心最軟了；他看你今天做得賣力，讓你早點吃飯，你怎麼還不領情？」

春花說完就拉著阿昌的手往前廳走。在餐桌邊坐下的剎那，阿昌不禁渾身緊張，雖然店裡桌椅零亂，料理只是剩下材料拼湊出來的，但對從不曾在食堂裡吃過飯的阿昌而言，這種嶄新經驗宛如置身總統府般，讓他心兒怦怦亂跳。

「在吃飯啊！看我帶什麼來給你們吃？」爽朗的聲音從店門口傳來。

阿昌立刻像彈簧一樣跳起身，轉頭看到一個紅光滿面的胖子，高高提著一個三層的食盒，笑嘻嘻的對添財師說。

「大伯，你來啦！」春花跳著過去，親熱的拉住他的手；添財師也笑逐顏開的招呼：「來坐，來坐。阿昌，再加副碗筷。春花，拿兩瓶紹興酒來，我要和你大伯喝兩杯。」

阿昌送上碗筷，添財師和大伯已經對喝起來，阿昌尷尬的站在桌邊，不知道該坐下，還是回廚房。

「這是你新收的徒弟？」大伯停下酒杯，打量著阿昌問。

「是啊！人還勤快、老實，就是有點笨手笨腳。」添財師轉頭對阿昌說：「你不坐下吃飯，站在那裡做什麼？」

阿昌拘謹的坐下，低頭扒著碗中的白飯。春花打開食盒，一層層排開，濃郁的菜香瀰漫在空氣中，不停的勾引著阿昌的味覺，但是他的筷子不敢放肆，拘謹的只夾面前的炒白菜吃。春花熱絡招呼他說：「別光吃白菜，筷子伸長點，試試大伯做的菜，眞的好好吃哦！」

「你的意思是說我做得不好？」添財師佯裝生氣。

春花吐吐舌頭，扮個鬼臉。大伯笑著爲春花解圍：「她從小吃你做的菜，即使再好吃，也會吃膩。偶爾吃吃我的菜，當然會覺得新鮮。來，看我今天帶什麼來下酒?這盤是『八珍燴翅』，這盤是『鹹蛋小卷』，這是『鹹水鴨』。」

添財師每盤試了一下味，豎起拇指說：「讚！」

「吃吧！不要客氣，要想當個好司阜，就要多吃、多試，懂得味道了，才知道怎麼燒才好吃。」春花邊幫阿昌挾菜，邊教他。

「春花說的對，菜要燒得好，先要知味；吃的時候細細品嘗，了解每種菜的特色、味道，才能掌握住火候，做出最好吃的菜。」大伯贊同的說。

阿昌放慢了吞嚥的動作，用舌頭去感覺魚翅的柔韌、滑順。大伯點頭稱讚：「添財，你這徒弟不錯，一點就透。以後一定能成爲大司阜，讓你有面子。」

添財師聽了呵呵笑，春花打蛇隨棍上，央求大伯：

「大伯，你既然覺得阿昌不錯，也教他一點嘛！」

「好！今天也算有緣，我就告訴你一些台菜的基本特色，只要掌握住這些特點，菜就會做的好吃。」大伯興致勃勃的說：「台灣菜源自於閩南菜，但是受日本、客家和粵菜的影響，發展出自己的特性，以鮮香、清淡爲特色，而且多湯水，多油煎、水煮、紅燒，口味上多用酸甜、油蔥、麻油、五香、五味來調味，……」

「大哥，他還沒學到那一步啦！等以後你有興趣再教。我們來喝酒啦！」添財師打斷大伯的話，舉起酒杯說。

「好，來喝酒。乾杯！」大伯豪爽的舉杯一飲而盡，兄弟倆熱烈的喝酒、划拳，渾然忘了共坐吃飯的其他三人。

晚飯後，阿昌洗完堆積如山的碗，才回房把自己攤

•台菜口味較清淡，且多湯水，喜用油煎方式烹調。用油主要爲豬油，其次爲花生油。以豬肉爲主要肉食，牛肉較少人食用，因農家體念牛有耕田的苦勞，多不忍宰殺食用。肉類多以燉的方式調理。

平在床上，他的身體雖然痠痛、疲憊，腦海裡卻反覆播放著春花和大伯說的話，雖然聽得似懂非懂，但是他知道這些都很重要，對他學做菜一定有幫助，他必須努力了解這些話的含義才行。睡意逐漸侵蝕思考，阿昌閉上眼，看到自己在一家裝潢得金碧輝煌的餐廳裡，指揮著十幾個廚師，做一桌全世界最好吃的菜……。

台灣傳統婚嫁習俗

中國的婚禮制度，是在兩千多年前由周公制定的，他定下「六禮」，包括「問名」、「訂盟」、「納采」、「納幣」、「請期」、「親迎」。台灣的生活模式因受社會環境的變遷，婚禮習俗雖有改變，但仍沿襲傳統六禮的精神，先由男女雙方當面「對看」，然後「講親情」（問名）、「送定」（訂盟）、「完聘」（納采、納幣）、「送日頭」（請期）、「娶新娘」（親迎）。

家裡忽然變得亂糟糟的，沒有人管文強吃不吃飯、讀不讀書、身體舒不舒服，連平常最關心他的姊姊也只偶爾來探看一下就走了。剛開始文強還很高興，覺得終於沒人管他了，可是兩天以後，家人忘記為他送中飯時，他終於忍不住大叫：「人都死到哪裡去了？為什麼沒人送飯進來，我快餓死啦！」

他才說完，王嫂就端著托盤進房來，對文強說：「少爺，對不起，今天實在太忙了，耽誤了做飯的時間，夫人和小姐也還沒用餐呢！」

文強扶著床柱站起來，王嫂馬上趕過來扶持，他一跛一跛的向桌子走去，坐下後抬頭問王嫂：「你們在忙什麼？怎麼大家都亂烘烘的，像沒頭蒼蠅似的。」

王嫂邊擺碗筷，邊回答說：「離小姐出嫁的時間才一個多月，我們都忙著幫她準備嫁妝呢！」

「姊姊要嫁人了？」文強驚得站起身，一個重心不穩，差點摔倒，王嫂連忙伸手扶他。

「這是什麼時候決定的事，爲什麼我不知道？」文強白著臉，激動得手指發顫。

王嫂一臉訝異，不安的回答：「原來你不知道兩天前趙家派媒人來的事，……」

「媒人來做什麼？快告訴我。」文強急聲催促。

王嫂皺著眉，猶豫的說：「也許小姐想自己告訴你，萬一我多嘴，說錯了話……」

「她要說早就說了，也不會像現在這樣，讓我成爲笑柄。」文強氣得一拳敲在桌上，震得碗盤跳起來。

「別氣，別氣，我想小姐一定有其他原因，才會一直沒告訴你。」王嫂極力安撫文強。

「你說不說？你不說我去問娘。」文強右腳高左腳低的一搖一跛，往房門走去。

「好，我說，我說，不過你可別告訴夫人，是聽我說的哦！」王嫂看文強點了頭，才壓低聲音繼續說：「趙家請媒人送來擇日師選好的黃道吉日，夫人找人合算了一下，眞的只有那天的時辰最好，就請媒人回覆男方，答應在下個月的二十六日迎親。」

「二十六日！怎會這麼快？」文強感覺一陣暈眩，伸手向四周亂抓，王嫂趕緊過來扶住他。文強聲音微弱的說：「扶我上床，我頭好暈。」

文強閉著眼，由王嫂爲他蓋好被子，王嫂擔心的問：「我去告訴夫人，請醫生來看看，好不好？」

「不要！我休息一下就行了，你先出去吧！」文強擺擺手說。

王嫂輕輕走出房，關上門離開。靜寂從四面八方向文強包圍過來，他想起不久前，王嫂告訴他，媒婆上門來爲文瑛說媒，姊姊當時正在他房裡，聽到這消息，撇撇嘴，不在乎的說：「我才不嫁人呢！我要留在家裡，一輩子陪著文強。」

李氏把文瑛的八字交給媒婆，送到趙家，第四天媒婆來報喜，並且送來男方的「八字庚帖」，李氏很慎重的將文瑛和男方的八字，供在大廳神桌上三天，每天早晚燒香拜拜，生怕家裡出一點事，壞了文瑛婚事。文瑛當時還開玩笑的出主意，要文強裝病；那時的情景還歷歷在目，爲什麼姊姊這麼快就變卦要出嫁了？

三天平安的過去，媒婆又上門說，趙家這幾天家裡的母豬生了一窩小豬，老爺爺得的風寒也好了，覺得兩家合婚大吉大利。李氏當下就點了頭，看好日子，由男方送來小定，文強抱著好玩的心情，仔細打量送金戒指

•台灣婚禮包含：問名（講親情）、訂盟（送定）、納采、納幣（完聘）、請期（送日頭）、親迎（娶新娘），分述如下：

問名：請媒人至對方說親，結婚的條件包括門風、財富、才能、美醜等，都是考慮的因素，問名也稱「生庚」，即「八字」，雙方出生的年、月、日、時，配合天干、地支，以八字合過。八字庚帖就是書寫男、女八字的書帖，外用紅綢包裹，縫上「生庚」兩

（接下頁）

（接上頁）

個金字，並揷上金花一對。

訂盟：即定親，又稱送定。可分爲「小定」、「大定」，小定只送金戒指給新娘。大定就要備聘金、喜餅等贈給女方。

納采、納幣：合併稱爲完聘，表示聘金已付，通常在迎親日同時舉行。

請期：請擇日師選出迎親的黃道吉日。

親迎：男方在吉日備花轎和春檻，帶著完聘用的禮品，迎接新娘回男家。

來的準姊夫——趙漢聲，他和他爸爸一樣高大、強壯，讓自小體弱多病的文強暗暗羨慕不已。收下戒指、衣料、糕餅等小定，李氏設宴請趙家的人吃飯，席間，親友開了趙漢聲一個玩笑，沒想到他竟當衆紅了臉，看得文強既意外又好笑，事後還特別描述給文瑛聽呢！

趙家送大聘來，李氏除了燒香、鳴炮，奉告祖先之外，還準備了豐盛的午宴款待媒人及男家的來客，等男方家屬帶著退回的福圓、閹雞、鴨母，和媽媽送趙漢聲的新郎禮服、鞋襪、禮餅、文房四寶等禮物回去後，文強才意識到事情的嚴重，他和姊姊聯合起來向李氏抗議，希望取消這門婚事。李氏望著男方派人送來滿廳的聘禮，神情疲憊的問他們：「你們現在才說不贊成這門婚事，要我怎麼向趙家交代？」

大廳裡堆滿了鋪紅布的春檻，裝盛著好幾百盒等待

分送親友的禮餅，和聘金、冰糖、冬瓜糖、桔仔餅、柿粿、麵線、福圓、糖仔路、栳花、豬、羊、鰱魚兩尾、大蠟燭雙對、禮香、盤頭裘裙、金手環、項鍊、戒指、頭釵等琳琅滿目的聘禮。

文強知道事情不容易解決，但他仍樂觀的以爲，媽媽永遠都能爲他們擋風避雨，結果卻大出他意料之外，是什麼讓姊姊改變了初衷？媽媽爲什麼不告訴他迎親的事？他越想頭越痛，而更令他困惑、不安的，是爲什麼每個人都知道迎親的事，只有他一個人被蒙在鼓裡。

房門又被推開，有人走了進來；文強不耐煩的對王嫂吼：「叫你出去，讓我靜一靜！你沒聽到嗎？」

「是我，」文瑛腳步輕盈的走到床邊，俯身關懷的問：「又不舒服了？我讓王嫂把燉的補藥拿來，等一下我餵你喝。」

文強翻身背對姊姊，不理不睬；文瑛在床沿坐下，也一聲不響。靜默像浸入水中的毛巾，越來越沈重，悶得文強翻身坐起，爆竹似的炸開：「滾開！誰要你在這裡假仙？」

話才出口，文強就怔住了。文瑛滿臉淚痕，胸前的衣襟已濡溼了。文強記得文瑛只在爸爸去世時哭過，之後再也沒看她掉過眼淚，平時不管文強多無理取鬧，文瑛也沒和他翻過臉，是什麼事讓她這樣傷心、難過？

「你幹什麼？哭成這樣！」心裡的疙瘩沒解，文強的口氣硬邦邦的，溫柔不起來。

「沒有事！」文瑛拿出手帕，眼淚卻擦了又流。

文強等了一會兒，氣比較平順了，才出聲安慰姊姊：「不要哭，有什麼事說出來，我們一起想辦法。」

「我好害怕！」文瑛像潰決的堤防，淚汪汪的說：

「下個月二十六日，我就要嫁到趙家了，我根本不認識他們，卻要和他們生活一輩子，而且還要努力討婆婆和丈夫的歡心，否則就會被休回家，成爲衆人的笑柄。我眞的好怕啊！」

從小，文瑛就一直照顧文強，讓他忘了大他五歲的姊姊，今年也只不過十八歲而已，和他一樣有恐懼、悲傷、徬徨。他不知道該怎樣安慰文瑛，只好努力找話說：「你可以堅決反對啊！如果你不肯嫁，媽媽一定會答應退婚的。」

文瑛搖搖頭，沒精打采的說：「不行，如果無故退婚，我們不但要賠償趙家的損失，媽媽在鄉親面前也會抬不起頭來。媽媽一個人把我們帶大，已經很辛苦了，我不能再讓媽媽爲婚事操心。」

「這也不行，那也不能，你還有什麼辦法可以不嫁？」文強氣急的說。

文瑛擦乾了眼淚，默默不語的低頭揉弄手絹，好半晌才抬頭，看著文強說：「聽說趙漢聲人品不錯，文釆也好，嫁他或許還不錯。」

「你想嫁人就早說嘛！何必放屁安狗心。」文強忍不住話語帶刺的說：「我又沒攔阻你，你根本不需要在我面前哭哭啼啼，裝模作樣給誰看？」

血色瞬間從文瑛臉上褪盡，她張大眼睛瞪視弟弟。文強從來沒見過這麼絕望的表情，他正想開口道歉，文瑛卻猛然站起，快步走出房門。文強心慌意亂，不知道怎麼辦？看到王嫂端藥進來，文強立刻叫她跟去看看，王嫂出去後，文強還是不放心，起身穿好鞋，一跛一跛的往文瑛房間走去。

到了門口，文強聽到裡面有人在說話，他遲疑的站

‧放屁安狗心：意指故做一時的安慰。

在門邊，徬徨著不知道該不該進去？門卻「咿呀」一聲啓開，李氏皺著眉頭問：「你是來向姊姊道歉的？」

文強點點頭，眼睛望著地下，不敢看母親一眼。

「進來吧！」李氏讓開路，文強吃力的邁過門檻，進入飄著淡淡白蘭花香的內室。文瑛趴在桌上哭，文強站在她身旁，期期艾艾就是說不出道歉的話。李氏等得不耐煩，責備文強說：「從小，姊姊就最疼你，有好吃、好玩的，一定讓給你，就連找到好婆家，她還擔心你身體不好，幾次要求我退婚，想留在家裡照顧你，如果不是我堅持，就會誤了她一輩子的幸福。像這樣好的姊姊，你怎麼忍心說出那樣傷人的話？」

李氏的話一字一句的敲在文強的心頭，姊姊待他的好，他不是不知道，但是聽到姊姊要出嫁了，他就忍不住彆扭；他也知道這事不可能有轉機，爲了姊姊的幸

福，他應該好好的送姊姊出嫁，但是要他就這樣和姊姊分別，眞是千難萬難啊！割心似的痛苦幾經迴繞，終於傾洩而出，文強哇哇嚎咷大哭起來。李氏一旁看著，也紅了眼；文瑛站起來抱住文強，和他相擁著痛哭。

姊弟倆抽抽噎噎的哭夠了，李氏拉著兩人的手，對他們說：「我知道你們捨不得分開，但是男大當婚，女大當嫁，媽媽爲了你們日後的幸福，不能不爲你們預先安排。趙家少爺的品貌人人誇讚，文瑛嫁過去，一定能獲得幸福。我想文強也希望姊姊快樂，是不是？」

文強深深的點頭，一直都是姊姊照顧他，也該是他爲姊姊著想的時候了。他決定要堅強起來，讓文瑛沒有後顧之憂，安心的踏出家門。

爲了實踐決心，文強開始按時吃藥，不再要文瑛催促。每天隨老師讀書、寫字以後，他也開始跨出房門，

・台灣婦女在未婚前不得挽面，若婚事已定，才可挽面，挽面要請父母健在，運勢又好的「好命」婦人來做，稱爲「開面」。

四處走走，更令人刮目相看的，是他的脾氣彷彿在一夜間變好了，不再隨便亂使性子。對這樣的轉變，李氏和文瑛感到既驚訝又安慰。

十月二十六日轉眼就到，文瑛一大早起來，和李氏、文強一起吃了一頓豐盛的早餐，李氏事先提醒文強說，這餐叫「姊妹桌」，吃完後，文瑛就要和家人離別，爲了祝文瑛幸福，吃姊妹桌時，一定要說些吉祥話。文強很努力的克制情緒，但是對著滿桌佳肴，他實在無法下嚥，母子三人強顏歡笑的吃完早餐，新娘子就開始準備梳妝打扮了。

兩天前，文瑛已經請「好命人」爲她挽過面，所以頭臉變得特別細膩粉嫩，化好妝後，更顯出她的清麗。爲文瑛梳頭的媒婆遲到了，李氏怕誤了吉時，不停的派人到門口張望，直到媒婆到達後，大家才鬆口氣。媒婆

•轎斗豬腳，用正腳（右腳），表示娶正新娘。

•兩副熟牲禮是供男女雙方拜神祭祖。

先幫文瑛盤梳好髮髻，再插上驅邪避災的抹草和代表五穀豐登的稻穗，這種的打扮看在文強眼裡，眞是新鮮極了。

迎親的花轎和鼓吹陣在新郎趙漢聲乘轎帶領下，熱熱鬧鬧到了。鞭炮聲霹靂啪啦響起，迎親的人抬著春樝，裝著豬、羊、酒、魷魚、冬瓜糖、紅蠟燭、香等十樣禮物，和一大盤轎斗圓、一對炮竹、轎斗豬腳、兩副熟牲禮，此外還有不少空箱子準備裝文瑛的嫁妝。

李氏事先曾對文強說過，男方送來的大定只收了一些給文瑛的金飾、衣物，禮餅留下來分贈親朋好友外，聘金則和十二項回禮一起退了回去，因爲張家不是賣女兒，不能收趙家的聘金；同時爲了讓趙家了解文瑛即使不依賴趙家，也能豐足的過一輩子，李氏特別爲文瑛準備了許多陪嫁。文強看著一箱箱的嫁妝，暗暗祈禱，希望文瑛眞能如媽媽所願，獲得趙家公婆和姊夫的疼愛。

媒人催促著，要新娘上花轎。文瑛早已戴上鳳冠，穿好紅短襖和繡花禮裙，由隨嫁嫺玉女攙扶到大廳叩拜祖先，李氏殷殷的叮囑她，要孝順公婆，夫妻和好。文瑛淚汪汪的點頭答應，隨後向媽媽叩別，李氏含淚爲她覆上蓋頭，文瑛雙肩抽動，哭得不能自己；文強也眼眶發紅，但在衆人面前，他只能強忍淚水送姊姊出嫁。

儀仗鼓吹奏起喜樂，玉女扶持著文瑛，登上了四人大花轎，轎中已先放了「轎斗圓」和一隻「轎斗豬腳」，轎後掛了一個米篩，貼著太極和八卦。文強偷偷問王嫂，新娘轎怎麼有這許多奇奇怪怪的東西?王嫂告訴他，爲了怕新娘撞到邪，所以要帶這些東西避邪。

迎嫁的行列出發前，文瑛丟出手中的摺扇，表示「放性地」；李氏隨後潑出一盆水，寓意「嫁出去的女

• 放性地即不再亂發脾氣的意思。

• 隨嫁嫺即查某嫺隨新娘出嫁，所以要乘轎，由兩名轎伕扛抬。

• 轎斗圓放在新娘轎中，一碗十二個的紅圓仔。

兒，潑出去的水」，希望文瑛在婆家得到疼愛，不會被休離返家。

浩浩蕩蕩的迎親行列打頭引路的是「竹梳」，青綠帶葉的長竹上綁著一塊豬肉，爲了引開白虎神，扛竹枝的人走得小心而謹慎。隨後跟著媒人轎、迎親轎、叔爺轎、新郎轎，接著是新娘親友的乘轎，第一頂坐的是送嫁的文強，他的轎前有兩盞紅絹刺繡的宮燈，這兩盞「新娘燈」在成親後，要掛在新娘的寢室裡。文強轎後坐的是文弘，爲了讓數目成雙，堂弟文弘也上了叔爺轎；隨後是扛著文瑛嫁妝的隊伍，長長一列擔著衫仔櫃、桌櫃、椅子、鏡台、衣服、蚊帳、枕頭、金銀首飾等，新娘轎跟隨在後，然後是陪嫁的玉女坐的轎子，隊伍最後挑夫擔的是用紅布包裹的子孫桶。

一路吹吹打打，喜氣洋洋的到了趙家。迎親行列停

•子孫桶又稱腰桶，就是洗澡用的桶，也在生產時用，所以有「子孫桶」之稱。出嫁時，桶子要塗成紅色，並用紅袋子裝好，排在行列最末；挑子孫桶的人在進房時，必須說四句吉祥話，但可以得到紅包。

•竹梳是將一塊豬肉綁在連根帶葉的青竹梢上，扛在行列前頭，引開白虎神，並以竹子代表新娘的貞潔永不改變。

在趙家大門外，趙漢聲下了轎，走到文瑛轎前，從她手裡接過嫁妝的鑰匙，打開所有的箱櫃，讓大家參觀。等到了預定的吉時，新娘轎才被抬到正廳的前埕，趙漢聲拿扇子敲打幾下轎子，然後再以腳踢轎門。文強對姊夫的舉動感到不解，文弘在旁邊解釋給他聽，這樣做的目的是爲了讓新娘對新郎的勇氣產生驚訝而順從丈夫。文強暗自好笑，姊姊哪裡會被這兩腳嚇倒呢？

轎夫打開轎門，流暢的說出吉祥祝福的話：「看著轎門兩爿開，金銀財寶做一堆，新娘新婿入房內，生囝生孫晉秀才。」

轎夫說完，立刻有人送上一個紅包；大家推出一個手捧托盤的小男孩，慫恿他進轎去讓新娘摸摸盤中的柑仔。小孩吃吃笑著遞上托盤，玉瑛輕輕摸了一下這象徵生活甜蜜的柑仔，然後放了一個紅包在盤中。媒婆取下．新娘到男家，必先過火爐，並停在一片瓦片上，使瓦片破裂出聲，據說可以避邪。

．新娘下轎入男家前，需由媒人以安米篩遮住天，才能下轎入屋。

轎後的米篩，隨後攙扶新娘下轎，文瑛和嬸婆共舉著米篩，一起跨過轎前的火爐，進入趙家大廳。

在衆人的簇擁下，新郎、新娘同拜天地、祖宗和高堂，然後進入新房，文瑛換下新娘服，捧著茶盤出來向叔伯、舅公等尊長親友敬甜茶。大家在端起茶杯喝時，都要說些吉祥祝賀的話，文強聽著有趣，用心記下了幾句特別的，像「龍鳳相隨，代魚開嘴；夜夜相對，萬年富貴。」「茶盤四角卿，中央排茶鐘；甜茶無燒冷，子孫代代興。」「新娘好學問，兒女好詩韻；茶甌收起返，翁姑著孝順。」

敬完「新娘茶」，文瑛收回裝著一封封紅包的空杯，先回房休息。趙漢聲特別過來招呼文強，兩人談了一會兒，文強對姊夫的印象更好了，他暗自慶幸沒有任性的破壞這椿好姻緣。

趙家爲了宴請親友，喜宴從中埕一直排到院外。文強隨同叔父、堂弟坐在「親家桌」，許多認識、不認識的親友，都殷勤的招呼文強，不斷的勸菜、勸酒，讓文強感覺到，他不但沒有失去姊姊，還得到一位好姊夫和許多新親友，對這種藉著親事而擴展的關係，文強滿心歡喜的接受。

喝完喜酒，接著是最好玩的「鬧洞房」，由於怕回家太晚，文強遺憾的先上轎走了。第二天雞才啼，李氏就把文強叫起來，催他出門去接姊姊、姊夫回娘家。儘管睡意深濃，文強還是在天未透亮前就坐轎出門，一路心裡想著：不知道變成新娘子的姊姊會有什麼改變？

文瑛看到文強，還是和平常一樣親切、溫柔，文強反倒有點悵然。進了張家門，文瑛和媽媽像十年沒見過面似的，兩人待在房裡說個沒完，放文強和新姑爺在大

•鬧洞房又稱「吵新娘」，也是戲弄新娘的意思。

廳，有一搭，沒一搭的閒聊。中午，李氏安排了豐盛的喜筵請女婿，叔父還代替李氏夾了隻雞腿給趙漢聲，表示她對女婿的疼愛。

吃完飯，趙漢聲放了一個大紅包在桌上「窒桌」，隨後向岳母辭行，因爲他和文瑛必須趕在太陽下山時回到趙家，以符合「入門烏，生查埔」的習俗。李氏請王嫂拿出事前爲他們準備的兩根連葉紅甘蔗，以及一對帶路雞和許多米糕，讓趙漢聲帶回去分送親友。上轎前，文強找了個機會，悄悄問文瑛：「姊夫對你好不好？」

文瑛露出她一貫溫柔、自信的微笑說：「現在還不錯，以後就要靠彼此的努力啦！」

望著越走越遠的轎影，文強相信：文瑛憑著她的愛心、耐心和智慧，一定能擁有終身的幸福！

- **窒桌是台語音，壓桌的意思。**

台灣傳統喪葬習俗

台灣人認為人死後靈魂不滅，存在天庭與地獄之間，並且會保佑後世子孫。因此子孫生前要盡孝，死後要在一定的時間內將遺骸入棺，並戴孝守靈，以表示哀悼。這套喪葬習俗是以周朝的禮儀為基礎，然後加入佛教、道教、風水、陰陽等學說，混合成為現今通用的喪禮。

●病重臨危時，將病人由病牀移至正廳中臨時鋪設的板床，稱爲搬鋪。男移正廳右側，女移於左側。此俗是認爲死者能在家中最好的地方，才能死得安定。

阿公：

你好嗎？我一直等你來看我，爲什麼你都不來呢？你離開我們已經三個月了，我們都很想你，舅舅告訴我，你住在天上的西方極樂世界，和如來佛、觀世音一起，所以我很努力的拜拜，希望你能感應，晚上到夢裡來看我；但是三個月過去了，你一直沒有托夢給我，如果是因爲我不夠虔誠，我一定會更努力的拜拜。

我還清楚的記得你病危時，我和姊姊連學校的假都來不及請，就跟媽媽匆匆忙忙的趕到台中。你安靜的躺在客廳裡，大家圍在你身旁輕聲的說話，我們趕到時，舅舅附在你耳邊告訴你，知道我們到了，兩行眼淚從你緊閉的眼角流下。我忍不住哭出來，姨媽趕緊把我拉開，對我說：「不能哭，否則阿公會走得不安心。」我不想讓你不安心，緊緊咬著嘴唇不讓眼淚流下。

我趁大人不注意，偷偷握著你的手，想喚醒你，可是你終究沒有再醒過來。當你嚥下最後一口氣，全家嚎咷大哭時，看著你慈祥的容顏，我原以爲你只是累了，想睡一會兒，過陣子還會醒來；但是我弄錯了，你不再張眼對我微笑，溫暖的大手也不會牽著我去散步，而且不論我多麼想你，你都不再出現在我的面前安慰我，現在，我才眞切的感受到，人死不能復生的含義。

舅舅是嚴守古禮的人，他希望喪禮的一切過程都中規中距，所以在你過世後，立刻忙著打破你用的碗，搬石頭當你的枕頭，爲你蓋上「水被」，供「腳尾飯」，燒銀紙、點香燭、分孝服、豎魂帛，舅舅還指揮大家在門聯上斜貼白紙，燒裝滿銀紙的小轎，請道僧來念經，製「旛仔」，開名單寄訃文，讓大家忙得不得了，一點都看不出哀傷的樣子。起初我以爲他對你的死根本不在

- 水被是白布中央縫紅綢的被布。
- 米飯一碗，飯上置鴨蛋一粒，揷筷子一雙，供於死者腳旁，稱爲腳尾飯。

乎，可是有天半夜我起來上廁所，看見他跪在棺前偷偷的哭，我才知道原來他也很傷心。

阿公，看我這封信你會不會覺得不耐煩？原本我想寫些有趣的事，可是我怎麼想，就只有喪禮給我的印象最深，而且在你下葬，我忍不住大哭時，姊姊握著我的手，對我說：「好好的看，阿公要我們記住這一切。」我知道姊姊不能代表你，但是如果沒有你，我不會了解死亡這件事，甚至連想都沒有想過，所以我想也許你在告訴我什麼，就像你以前一直不斷的對我分析、解釋，要我學聰明、有智慧一樣，所以我很努力、很努力的把記得的過程寫下來，希望能讓你在天之靈高興。

我和媽媽披麻戴孝到河邊「乞水」那天早上，天氣好冷，姊姊凍得直打哆嗦。舅舅領頭下河舀水，他先博筊請示神明，確定可以用這裡的河水，就丟兩個銅板到河裡，向河神買水，然後大家排隊輪流舀水，我知道這是要給你擦洗身體用的，特別用心選乾淨的水舀；回家後，舅舅請了一個好命人來幫你洗澡，讓我覺得意外的是，他並沒有眞的洗，只是拿一根插著白布的長竹竿，把布浸水弄溼，然後在你身上做出擦拭的樣子，嘴巴還念念有詞的說：「你現在已經變神明，可以和歷代祖先見面了……」我不太喜歡這個儀式，覺得彷彿被人欺騙了，而且我想外公你也一樣不喜歡別人這種敷衍的態度吧！

沐浴以後是梳頭、換壽衣。很早以前我就看過你準備的壽衣，但是那時一點感覺也沒有，再看到這些衣服時，想不到已經天人永隔了。為你穿好七重壽衣，舅媽就端來「抽壽」；那是用烏糖煮的麵線，我原以為味道會很怪，結果發現味道還好。媽媽說吃抽壽的目的，是

●納棺入殮前，備十二種菜碗供祭死者，稱爲「辭生」。此爲對死者告別之儀。

把你的年齡加在我的壽命裡，但是如果親愛的人都死了，只有我長命百歲，那又有什麼意義呢？

舅舅選好了一具紅漆檜木棺材，在入殮吉時還沒到以前，舅舅和媽媽、姨媽每晚都睡在外公你的身邊「守鋪」。那時晚上只要聽到貓叫，大家都提心吊膽的起來巡視，生怕貓兒跳過你的屍體，害你變成殭尸。雖然現在想起來覺得很好玩，但是那時我眞的很害怕，老想起電影裡殭尸害人的景象。

我一直以爲人死後，用棺材裝殮，埋下去就完事了，可是實際上卻沒有這麼簡單。阿公，你還記得入殮前那些繁複的儀式嗎？爲了讓你飽足的離開陽世，「辭生」時準備十二道料理，由好命人假裝挾菜給你吃，並且念念有辭的說些好話，雖然我不喜歡裝模作樣，不過卻眞的希望你能吃到這些好菜。這種矛盾的心情，阿公一定懂吧！

吃完飯就要分財產了，「分水尾錢，富萬年」是許多人的盼望。道士先把一些銅幣放在你衣袖裡，再倒入稱盤中，然後將這些「水尾錢」分給大家。我很愼重的收起分到的錢，不是爲了它會讓我富貴萬年，而是它代表你曾留給我許多溫暖的記憶。

「割鬮」是把麻繩的一頭綁在阿公衣袖上，另一頭讓舅舅拉著，道士一面念念有辭，一面用刀割斷麻繩，再把兩截繩子包在銀紙中燒掉，認爲這樣可以切斷和你的往來。這是我最痛恨的一個儀式，也許我不該這麼說，因爲每個人的觀感不同，但我發誓絕不讓割鬮切斷我們之間的感情，所以我一直不停的祈禱，不要你離開。阿公，你聽到了我的祈禱嗎？

洗淨以後，就到了入殮的重要時刻。大人先在棺木

・割鬮是以長麻絲一端繫在死者身上，另一端由遺族牽住，由道士念吉句，一一將絲斬斷，認爲如此可與死者斷絕來往，此後始免被騷擾。

裡放草絲、石灰、銀紙、庫銀、七星枋、桃枝、石頭、熟鴨蛋、豆豉、過山褲、雞枕後，把你抬進棺中，再放入你喜歡的文玩、器物和字畫等，然後蓋上水被、掩身旛和銀紙，因爲每個程序都要誦經、作法，所以花了好長一段時間才完成入殮。

爲你超度的那段日子，我每天早上都被誦經聲吵醒，不知道爲什麼現在的法會一定要用麥克風？外公你一向不喜歡打擾鄰居，這樣擾人安眠，你也不會安心吧！我有提醒舅舅，可是他根本沒聽懂我的意思，不過你必須原諒舅舅，他不但要安排所有的事，當別人來祭拜時，他還要跟我們一起跪拜答禮，累得他整個人都瘦了一圈，疏忽了這件事，請阿公不要怪他。

出殯那天，親友在選好的吉時，幫忙把棺材移到庭院，然後將桌子排在棺前，放了好多豬、鴨、雞、魚、

•過山褲是用白布剪出褲子的樣子，一邊縫對，一邊縫錯，亡魂如果在陰間登山遇到魔鬼時，可拿出褲子丟給魔鬼，魔鬼一定會穿上，因一邊縫錯，會花很多時間來穿，亡魂就能順利逃脫。

•出殯埋葬俗稱「出山」，台灣人多喜土葬，因爲相信「入土爲安」，後政府倡導及傳染病流行，才逐漸有人改用火葬。出葬日子要由擇日師決定，選擇吉日才出殯。

罐頭等祭品，由舅舅領著大家三跪九拜。負責司儀的「禮生」站在桌旁，指揮大家什麼時候該叩頭，什麼時候要跪拜，像個總司令似的。在第二次跪拜時，他把稻苗放在洗臉盆裡，再倒酒進去；姊姊看我一臉呆相，低聲告訴我，那叫「奠酒」。阿公你別太快稱讚姊姊博學，她半途落跑，回台北上學，順便查了相關資料，在葬禮前一晚才趕回來，雖然有時不太喜歡她臭屁的樣子，但是有她在，我真的學到了不少東西。

禮生奠完酒，開始讀姨丈、孫婿等人的祭文。那些祭文都很奇怪，每篇念到最後一定加上「嗚呼哀哉尙饗」，這時姨丈、孫婿他們就會有志一同的三跪九拜並大聲哭泣，姊姊賣弄的說：「這叫噴土粉。」我以爲聽錯了，再問一遍，聽懂含義時，我差點也要噴土粉，不過不是悲傷的噴，而是大笑的噴。

• 居喪的遺族不能穿金戴銀，而要穿孝服，戴麻冠。喪服、孝服依親疏不同而不同，麻布爲子女、兒媳、長孫所戴；苧布是孫、甥、姪穿用的；淺布爲曾孫及同輩用的；白布是死者同輩及外親用的；其餘如黃、紅布、草箍等，各有不同規定。

• 落葬就是埋葬的意思，埋葬時，先將棺柩置於墓前，男人在棺的右邊，女人在棺的左邊，哀哭禮拜後，由道士誦經，並在棺木穿氣孔，使空氣流入，稱爲「放栓」，然後由土工在壙內安棺，再由喪主拿鍬倒下第一鍬土覆埋。

念完經文後，好命人和封釘的人配合好，一邊釘棺材，一邊像唱歌一樣念著吉祥好話：「一點東方甲乙木，子孫代代居福祿。二點南方丙丁火，子孫代代發傢伙。三點西方庚辛金，子孫代代發萬金。四點北方壬癸水，子孫代代大富貴。五點中央戊己土，子孫壽元如彭祖。」我們在每句吉祥話的後面，跟著大聲喊：「有！」，希望眞能「招財進寶、福壽雙全」。

封釘的人在棺蓋四角釘下四枝長釘，第五枝「子孫釘」只是輕輕釘上，再由舅舅咬下來，舅舅並依指示削下一點棺木屑，和子孫釘一起放進香爐中。

道士們嗚鐘敲鈸，引導我們遶棺三次，隨後抬棺的人把木棒放在棺材上，用痲繩綁好，蓋上漂亮的毛毯。道士要我們再祭拜一次，才抬起棺材往墓地出發。阿公你知道嗎？直到送葬的行列到達目的地，我都沒有哭，

•出葬後，每隔七日奠旬祭一次，稱「做旬」，有些則於入殮後在家做，各旬旬祭情況如下：

人死後第七天，稱頭旬。傳說人死後第七天才知道自己已死，會回家來巡看。遺族在半夜十二點開始哭泣，到第二天中午燒金紙和號哭。

二、四、六旬爲小旬，祭祀方式很簡單。

三旬爲「查某子旬」，嫁出去的女兒需於當天回家奠祭。

五旬是由孫女、姪女致祭，稱

（接下頁）

因爲一路上實在太熱鬧了，有鼓吹、樂隊、五彩旗、電子花車、魂轎、紙紮的金童玉女等，好像參加廟會，唯一不同的是演奏的樂曲比較哀傷而已。

那天山上風好大，呼呼吹得人站不穩。姊姊牽著我的手，站在墓穴旁看著你的棺材被放下去，道士、和尙都已誦完經，並且「放涵」完畢。舅舅用鏟子倒下第一鏟土時，我才意識到：你是眞的永遠離開我了。心臟撕裂般的絞痛起來，我忍不住大哭，用盡一切力量想要喚醒你，可是你再也不回應我的呼喚了。

葬禮完畢後，我們一家就返回台北，剩下的事完全由舅舅處理，聽說你的墓園整修得非常漂亮，也許清明節時，爸媽會帶我去祭拜。我一直記得你的叮嚀，好好的讀書，聽父母的話，但是我想念你的時候，卻不能再打電話和你聊天了；雖然媽媽說，你會在天上保祐我，

（接上頁）

做「查某孫旬」。

七旬即尾旬，除請道僧誦經外，入夜要燒靈厝，「靈厝」爲紙竹紮製的家屋模型，以供死者在冥界居住。

於尾旬或做百日、做對年時除靈，撤除靈桌。

•換孝是指除靈安位後，由粗孝更換爲「幼孝」，於周年忌（做對年）或合祀於祖牌位（合爐）後，始脫孝服。

拾骨即洗骨的意思。埋葬後，經一定的時間，要把骨頭挖出來，擦乾後曬太陽，然後放在「金斗」中。

但是我眞心希望的，不是你的保祐啊！我只想握著你的手，像以前一樣和你講話。

阿公，如果你眞的有靈，請托夢給我，讓我知道你在哪裡？過得快不快樂？好嗎？最後

敬祝

安康

想念你的孫女

君儀

敬上

1月23日

掃墓祭祖的日子
——清明節

「清明」是二十四節氣之一，「清明」二字的由來，源自於我國最早區分季候風的方式，古代將一年的季風分為「條風、明庶風、清明風、暴風、涼風、閶闔風、不周風、廣莫風」八種，約每四十五日吹一種風，從冬至日算起，到清明時剛好吹清明風，即現在的東南風。

閩南人受中原文化的影響，在清明節祭掃

祖墳，以示慎終追遠；客家人則在元宵節之後掃墓，雖然兩者掃墓時間不同，但是掃墓時同樣都很重視掛紙的風俗，不過兩者所掛的紙和含義並不相同。閩南人用五色紙，以表示此墓有後，每年都有後代前往祭掃；客家人則以黃古紙作壓墓錢，象徵替祖先翻新舊瓦屋，以免屋瓦破舊，讓祖先受風吹雨打之苦。

三月底，過了春分，雨一陣大、一陣小，飄灑不停；潮溼和空氣結了婚，不管坐車、上課，還是在家睡覺，溼溼的霉味無所不在，而雨聲更毫不懈怠的整天「滴答、滴答」演奏著。

「啊！煩死了，煩死了。」念祖不安的在客廳走來走去，自言自語的叨念。

「你怎麼了？一個人煩什麼？」妹妹念慈放下正在看的書，抬頭關心地問。

「煩人的事多著呢！我煩爲什麼下雨，煩爲什麼要小考，煩爲什麼我喜歡的歌沒有進入排行榜，煩爲什麼我會這麼煩！」念祖不換氣的說完一串讓他煩心的問題。

念慈白他一眼，不屑的說：「無病呻吟！」低下頭繼續看書。念祖靠過去，搶起妹妹的書，忿忿的問：

・清明時節雨紛紛是指台灣北部及中國華南一帶，在清明時節，正值北部冷鋒和南部暖流交會，因而陰雨綿綿，氣候不穩定。

「為什麼你不覺得煩？」

「要煩什麼？雨聲？我覺得很詩情畫意；小考？沒什麼需要再特別準備的；排行榜？關我什麼事；至於你煩不煩，我也沒辦法左右你；你要我煩什麼？」念慈挑起一邊眉毛，輕描淡寫的答覆。

念祖惡狠狠的瞪視妹妹，半天才一字一句的說：「你·很·討·厭。」說完，砰一聲，摔上臥房門，讓房間的牆壁隔開他和念慈的空間。

滴答的雨聲攪擾得念祖讀不下書，他摔開要考的科目，攤在床上望著天花板發呆。念慈來敲他的房門，大聲叫喚：「哥，已經七點了，快來吃飯！」

帶著難看的臉色，念祖坐上餐桌埋頭吃飯，爸爸關心的問：「你的書都看完了？念慈說你溫習了一下午。」

念祖心虛的點頭，不敢看父母和妹妹一眼。爸爸繼續說：「再過幾天你們就放春假了，今年我和你媽忙著公司出貨的事，沒辦法帶你們回澎湖掃墓。你和念慈幫我們去掃墓，好不好？」

念祖抬頭看爸爸，這是父親第一次讓他去做這麼重要的事，念祖高興得幾乎發抖，他生怕父親反悔，立刻追問：「什麼時候去？」

「你們四月四日開始放春假吧！」爸爸看念祖點頭，接著說：「媽媽已經幫你們買好了機票，四日早上十點二十分，坐復興航空的班機，十一點十分左右到澎湖，堂姊會來接你們。」

像魚回大海，鳥入森林，念祖的心馬上飛回了遙遠的老家；從小，他就被爺爺捧在掌心呵護，雖然爺爺已經去世兩年，但是那種被寵愛的幸福，讓念祖一想起澎

‧墓粿是以糯米磨成粉，所製作的粿，因專用於祭掃祖墳，因而稱做「墓粿」。

湖和爺爺，仍然滿心充溢著快樂。

通過考試的壓力，春假伴隨著輕鬆的心情來到，念祖和念慈四日一早就自己坐車到機場。經常澎湖、台北兩邊跑，兄妹倆已經很習慣搭飛機了，五十分鐘的飛行，帶他們跨越過海洋，到達澎湖的馬公機場。念祖、念慈走出出口，堂姊念情已經等著了。

念祖迫不及待的問堂姊：「澎湖有沒有下雨？台北下了半個月的雨，人都快發霉了。」

「這裡除了前天下了一陣小雨以外，太陽每天都像天人菊似的開在天上，看久了，還眞懷念台北的雨季呢！」當自由作家的念情，說起話來也像寫作。

上了堂姊的車，念祖依窗眺望。坐在駕駛座右邊的念慈，轉頭關心的問念情：「明天掃墓要用的墓粿和牲禮都準備好了嗎？」

「我買了豬、雞、魚做牲禮，紅龜粿、發粿，鼠殼粿我準備自己做。」念情邊開車邊回答。

「掃墓祭祖用三牲或五牲，我了解；但是爲什麼一定要拜那麼多粿？」念慈好奇的問。

「紅龜粿代表吉祥，發粿表示發達、發財，鼠殼粿是用鼠麴草做成的，有清涼降火的作用，在入夏以前吃，對身體多少有些幫助吧！」念情對傳統習俗還有些認識。

念慈搖頭說：「我就是不喜歡鼠殼粿的味道。」

「沒關係，反正墓粿在掃完墓後要分給小孩，不過現在的小孩喜歡吃薯條、洋芋片，墓粿不要錢送給他吃，他都不一定接受。」念情有些感慨。

念祖從後座探身問：「堂姊，你知不知道，爲什麼要分墓粿給小孩？」

‧鼠麴草爲菊科鼠麴草屬，一至二年生草本，高十至五十厘米，莖簇生，密生白色綿毛，葉互生，倒披針形或匙形，無葉柄，兩面有灰白色綿毛。頭狀花序密集生枝端，總苞片三層，金黃色，小花黃色。

・澎湖風大土地貧脊，爲了種植，往往以硓𥑮石圍築成牆，在牆內避風處種菜，稱之爲「菜田」。

「在以前，分墓粿有兩層含義，一是希望將祖先的德澤分被他人；另外則是要求拿到墓粿的小孩，如果放牛或趕禽畜經過時，不要讓牲畜踏壞先人墳墓。不過現在常常掃完墓，放一大串鞭炮，也沒半個小孩過來分粿，不像我小時候生活苦，不等別人放炮，就早早到墓地等人分粿了。現在的小孩啊！什麼好東西沒吃過，根本不稀罕墓粿。」念情的話裡有濃濃的感傷情緒。

「堂姊，你只比我們大幾歲，拜託講話別像我老爸，一副老氣橫秋的樣子。」念祖不以爲然的說。

念情「噗哧」一聲笑起來，輕快的說：「謝謝你哦！我小孩都十歲了，還能不老嗎？不過你這話讓我很安慰，就載你們兜兜風吧！」

車在寬曠的馬路上加速飛馳，綠意盎然的曠野、仙人掌、行道樹和硓𥑮石砌的菜田，由道路兩旁反覆不斷掠過，念祖、念慈迎著微鹹的海風，輕鬆瀏覽久別重逢的故鄉景色。

五日是民族掃墓節，很多離鄉子弟都趕回澎湖祭掃祖墳，平時冷清的鄉野，忽然熱鬧起來。念祖兄妹和念情合力拔除祖父母墳上的雜草，搬石護土做些整理，完成「培墓」的工作後，開始「窒墓紙」；他們將一張張的長方形五色紙放在墳上，小心的用石頭壓好，避免被風吹走。念祖邊做邊對墳裡的親人低聲說：「爺爺、奶奶，我又來看你們了，你們過的好不好？我今年……」

「你在對誰說話？」念慈停下手邊的工作，盯著念祖問。

「要你管！」念祖轉身背對妹妹，繼續在心裡默默向祖父母傾吐一年來的快樂、煩苦。

掛完了紙，堂姊把三牲和其他的祭品，排放在墳墓

•培墓是指整葺修繕墳墓。

•窒墓紙是台語音，即「掛紙」。以五色紙或黃古紙獻置在墓地上，爲防風吹走，以小石壓在紙上，稱爲掛紙。

- 有些人會在墓邊蓋一間小小的土地公廟——「后土」，作爲庇護。
- 台灣習俗中，不論廟會、家祭，都以男性主祭。
- 刈金是指拜土地公所用的紙幣。
- 銀紙是指祭拜鬼魂的陰間紙幣。

和土地公的前面，三人恭敬的拜過土地公，再由念祖持香領先向祖父母祭拜，從沒有站在主祭地位過，令他感受到前所未有的責任，彷彿曾家日後所有的榮辱，都要由他一肩承擔；念祖收斂起嬉鬧的心，愼重的跪拜在祖父母墳前，暗地許諾要爭氣，成爲有用的人。

念情和念慈陸續祭拜完畢，他們先爲土地公燒刈金，再焚燒銀紙給祖先。念情等紙灰都燃盡，把帶來的酒灑在灰上，她說這叫「奠酒」，念慈問她有什麼含義？念情也不清楚，只說古禮是這樣規定的。

念祖隨後燃放鞭炮，一陣煙硝過後，並沒有小孩圍攏來要墓粿；念祖就主動出擊，拿著粿去找附近掃墓的小孩，沒一會兒工夫，倒也分出一大半墓粿。念情和念慈在收拾祭品時，念祖沒事人似的四處閒逛，忽然發現新大陸般叫起來：「看！有人在放風箏。」

念情抬頭仰望藍天，幾隻五彩風箏飄浮在遠方的晴空，她笑著對念祖說：「過了清明，風向就不穩定了，所以古代的人在清明踏青郊遊時，都會放放風箏；你們小時候，祖父每年清明不是也會帶你們放風箏嗎？難道你忘了？」

「沒有忘啊！只是回台北讀書以後，就沒有再放過風箏了，所以看到風箏才會感到特別興奮。」念祖有些不好意思的解釋。

「我小時候的記憶，和你的正好相反，沒有一點快樂。你也許根本忘了，當你和祖父要去放風箏時，我哭著要跟，你們嫌我累贅，祖母就把我關在漆黑的房裡。平時，你在放學後，可以玩到天黑才回家吃飯；小你三歲，才讀一年級的我，卻得趕著回去幫祖母煮飯。每次祖父買了什麼新玩具，都是等你玩膩了，才輪到我；當

●清明時節，古人趁著掃墓之便，順便郊遊踏青，而放風箏、打秋千也是當時盛行的游戲。

你有好吃、好玩的東西時，我常常只能羨慕的站在旁邊看，希望你能想到我，可是你在和朋友分享時，卻從來不曾記得，你還有一個妹妹……」念慈越說越激動，眼淚成串的滾下臉頰。

說不出的難受哽塞在念祖的心裡，望著逐漸恢復冷靜面容的妹妹，他啞口無言，他忽然領會到妹妹看他的眼神爲什麼那麼淡漠、無所謂了，如果同樣的遭遇換成是他，他一定會抓狂的！

「好了，好了，你們兩個別再鬧了。」念情打著圓場說：「今天是清明，大家剛好可以清清新新的重新來過。等一下，我開車載你們和小孩一起去踏青，順便放風箏，好不好？」

「好啊！」念慈知趣的附和，隨即動手收拾墓地。念祖不再袖手旁觀，也湊過去幫忙。三個人合力整理乾淨後，提著大包小袋的祭品，循小徑下山回家。臨走前，念祖在墓前合掌祈禱，謝謝祖父母對他無微不至的呵護，現在是他回饋這分愛的時候了，他暗暗發誓，從今天起，要學做一個好哥哥。

青空中隨風攀揚的風箏，提醒著念祖，下山以後立刻爲念慈買隻漂亮的風箏，陪她放到高高的雲霄！

乞巧的日子——七夕節

農曆七月七日，是七夕節，除了牛郎、織女七夕相會的淒美故事外，台灣更因早期移民移墾，水土惡劣，疾病多，死亡率高，為求子孫平安健康的長大，而將織女神格轉化，成為七娘媽，用以庇祐孩童。在七夕這天，受庇護的十六歲少年、少女，要鑽過七娘媽亭，以示長大成人，可以為自己的言行負責了。

•指甲花即鳳仙花，一年生草木，高四十至一百公分。莖肉直立，粗壯。葉互生，披針形；花大，通常爲粉紅色或雜色，單瓣或重瓣；種子多數，球形，黑色。

「媽，你知道誰偷摘了我們家的花？」詩怡一回家就氣得脹紅臉，大聲嚷嚷。

「花怎麼了？」媽媽毫無所覺的問。

「牆邊的指甲花都被摘光了。」

「指甲花長得快，別人喜歡摘點去，就算送他好啦！何必生氣呢？」媽媽安慰女兒。

「媽！他是偷，不是來要耶，像這種人怎麼可以縱容？」詩怡正義凜然的說。

媽媽好笑的看著身高一百六十公分，卻一臉孩子氣的女兒說：「你希望我怎麼辦？報警嗎？」

「警察不會管這種小事，只有靠我們自己想辦法逮住那個小偷，才能阻止他再去偷別人。」詩怡說。

「我沒辦法。」媽媽毫不猶豫的搖頭說：「要捉小偷你自己去捉，我忙得很，沒時間去管這種事。」

「你不管就算了，我自己想辦法。」詩怡翹著嘴賭氣說。

吃晚飯時，詩怡又對爸爸提起這件事，爸爸感興趣的問她：「你準備怎麼做？」

「偷摘花的人這次順利得手，下次一定還會再來，我只要守株待兔，就不怕他跑了。」詩怡提出構想。

看詩怡興致勃勃，爸爸主動提供意見說：「我想到一個線索，你可以往那個方向推理看看。」

「什麼線索？」詩怡整個人都精神起來，兩眼閃閃發亮的看著父親。

「明天是農曆七夕，」父親邊挾菜邊說：「也是牛郎、織女相會的日子。」

詩怡困惑的問：「這些我都知道啊！但是它們和指甲花被偷有什麼關係？」

媽媽忍不住補充說：「七夕還有一個名字，叫做『乞巧節』，這天晚上有些女孩會在月光下，擺上香案，供奉些鮮花、香粉、素果、針線、小鏡子等等，向織女祈求，希望能像她一樣手藝高超、長相美麗，……」

「我知道，我知道，這叫『乞巧會』。」詩怡搶著插話，「拜完以後，女孩要把供奉的胭脂香粉，一半灑到空中，一半留著自己用，這樣就會變得更漂亮；而喜歡針黹的女孩，要在月光下穿針引線，穿的過針孔，表示手藝會更好，對不對？」

「不錯，記得很清楚。」爸爸點頭表示讚賞。

「然後呢？」詩怡張大眼，左轉右看的問父母：「這件事和七夕有什麼關係？」

「你再想想看，這個提示已經很明顯了。」爸爸好整以暇的扒飯入口。

「指甲花，七夕，這兩者間有什麼關聯呢？」詩怡低頭專注的想。過了半天，她興奮的大叫：「我知道了！古時候的人用指甲花當指甲油，所以它也是最好的祭品，對不對？」

「不錯，」媽媽笑吟吟的補充說：「以前的人沒有指甲油，就把指甲花搗碎榨汁，塗在指甲上，用現代眼光來看，是最自然環保的美容品了。」

「我如果要逮到偷花賊，就得先找到誰會在七夕乞巧。會特意在七夕乞巧的人，不是愛漂亮，就是希望手藝高超；不過現代女孩很少有人愛做女紅了，倒是爲了愛美而當偷花賊的可能性比較大。」詩怡根本沒注意媽媽說什麼，自顧自的推演，兩眼閃耀著興奮的光芒。

爸爸搖搖頭，無可奈何的對太太說：「我們這個女

•七娘媽是兒童的保護神，祂能保佑生下子女、治療子女的疾病……，因此爲了讓子女發育良好，都要佩戴七娘媽的香火，稱爲「絓七娘媽絭」，台灣主祀七娘媽的寺廟，只有台南市的「開隆宮」。

兒啊！提起讀書，就想睡覺，可是一說到推理、偵察這一類的事，就不顧一切危險了。」

「哎呀！糟糕。」媽媽忽然驚叫出聲，急促的對詩怡說：「明天你學校沒有什麼重要的事吧！我想幫你請一天假。」

「什麼事這麼重要，非要詩怡請假？」爸爸搶先問出詩怡的疑惑。

「你忘了，詩怡二、三歲的時候很難帶，老是生病，後來向七娘媽許願，做祂的契子，求祂保佑，才平平安安的長大，今年她剛好十六歲，該去還願了。」媽媽提醒爸爸。

詩怡反應激烈的說：「拜託！都二十一世紀了，你們還相信這個，我不去，要去你們自己去。」

媽媽看著爸爸，用眼神向他討救兵。爸爸也出聲勸詩怡：「你小時候不但愛哭，而且經常發高燒，一燒起來就抽筋，我和你媽都嚇死了，兩個人晚上輪流看顧，每天睡不到四小時，白天又要上班，都快累垮了，後來聽阿嬤的建議，到七娘媽那裡求了一個絭牌給你戴，也不知道是神明保佑呢，或是你的抗體加強，以後眞的比較少生病了。」

詩怡第一次聽到自己出生的事，父母那時爲她付出的辛勞，使她態度稍微軟化，她不太情願的說：「好吧！反正學校才開學，沒什麼事，而且我也不能讓你們失信於神明。」

第二天，爸爸只請了半天假，急著趕快拜完回去上班，一路目不斜視的開車直驅七娘媽廟。下了車，爸媽帶詩怡到香店，買了些金紙和一座與人同高的紙紮三角形牌樓。

•七娘媽亭爲紙糊的亭子，大都爲三面式，兩層或三層高，最高層正面供有七娘媽神像，其他各面用色紙剪貼出神仙、花鳥、亭台、吉祥物等，是七娘媽的神居，十六歲的少年男女都必須準備一座還願。

•七味碗是祭祀七娘媽特有的祭品，以七碗不同的食物或糕點，如湯圓、米糕、雞酒、油飯、桂圓、蓮子等祭祀，因爲俗傳七娘媽共有七位，準備七份以示週到，讓每位都能享用祭品。

詩怡好奇的問：「這是什麼，爲什麼要買這種東西？」

「七娘媽亭。」媽媽簡單的回答了問題，就和爸爸小心的抬著紙亭，往廟裡走去，詩怡像被貼上封條的葫蘆，悶著氣跟在父母後面提東西。

依照廟祝的指示，他們把帶來的麵線、肉粽、米糕等供品，分成七碗排好，並放上七雙筷子及七娘媽亭、金紙。詩怡隨爸媽虔誠的禮拜後，爸媽背對廟門高舉七娘媽亭，讓她從亭下鑽過。廟祝提醒他們許多規矩，像必須由後往前鑽三圈，男生繞左邊，女生繞右邊。詩怡開始繞第一圈時，感覺像小時候玩「過城門」的遊戲，嘻嘻哈哈的笑得開心，媽媽也跟著笑著說：「鑽過亭子以後，詩怡就算長大成人，凡事都要自己負責了。」

這句話重重的落在詩怡心頭，邁出的步伐逐漸慢下來，她還沒有準備好要獨立啊！怎麼負擔得起人生的重任？可是不管她走得多慢，三圈終究有結束的時候，繞最後一圈時，詩怡賴在七娘媽亭下不肯出來，媽媽看穿她的心事說：「沒關係，慢慢來，不要怕！」

心事被說破，詩怡反倒不好意思，不情不願的走出七娘媽亭，爸爸拍拍她肩膀，笑咪咪的說：「走，我們去燒金紙和七娘媽亭。」

詩怡望著裊裊黑煙從金爐的通風口冒出，旺盛的火舌像貪吃的狗，一捲舌，什麼都呑嚥下去了：金紙瞬間就化成陣陣黑煙，消失無蹤；三層的七娘媽亭華麗繁複的黏貼，漂亮細膩的剪紙，也經不起祝融的催殘，不久就成爲一堆灰燼。一股無名的惆悵湧上詩怡心頭，她不由自主的淚盈雙睫。

「走！我請你們吃牛排，慶祝詩怡『出婆祖』。」

爸爸提議。

「好棒啊！」詩怡轉悲爲喜，笑著問：「不過什麼叫『出婆祖』？」

爸爸邊發動車子，邊解釋：「拜七娘媽的儀式對男孩來說，叫『出鳥宮』；女孩則稱做『出婆祖』。以前爲了表示小孩已長大成人，十六歲時不但要拜七娘媽，還要宴請親友。現在已經很少人爲孩子『做十六歲』了，我怕這種習俗日後會像恐龍一樣滅絕掉。」

「是啊！以前的人十六歲就算成年，有的甚至都已成家了。哪像現在的孩子，十六歲不但還在念書，對責任、奮鬥、人生這些事什麼都不懂，卻只會嚷著讀書好苦！不讀可不可以？眞是人在福中不知福哦！」媽媽意有所指的說。

詩怡知道媽媽又在藉古諷今，說她不愛讀書了，她從後照鏡看到爸爸對她使眼色，詩怡扮個鬼臉回應，父女倆在鏡中交換了相互了解的微笑。

晚上，詩怡吃完飯就背上背包出門了。將近十點時，門外傳來年輕女孩互道再見的聲音，隨後詩怡開門進來，興高采烈的擠坐在父母的中間，一手摟一個笑嘻嘻說：「你們一定很好奇，想知道我究竟出去做了什麼事，對不對？」

爸媽一起點頭。詩怡接著說：「我去捉偷花賊了，我把目標鎖定在：住附近又愛漂亮的女孩子身上。還好我們這一區住家的院牆都不高，我依照平時對附近的了解，逐一地毯似的搜尋那些可疑分子，發現哪家有女孩在院子裡，就站在牆外偷看。結果住我們家後兩排的張家姊妹，被我逮個正著……」

「你這種方法要靠運氣，時間不對還不一定有用，而且你怎麼肯定就是她們姊妹？」爸爸忍不住插嘴。

詩怡沒有被爸爸的質疑挫折，她繼續眉飛色舞的說：「她們院子沒有種花，卻有一大把指甲花，不就很有嫌疑？而且七夕乞巧的女孩實在不多，我繞完整個社區，就只有她們一家而已，嫌疑更達百分之九十九；我請教她們花是哪裡來的？張欣文，就是他家的老二，竟然離譜的說是花店買的。誰都知道指甲花是很普通的花，花店怎麼會賣？她一說謊，等於不打自招，剛好被我逮個正著。她們當然不肯承認，我就和她們大吵了一架。」

詩怡伸個懶腰，站起身說：「捉賊還眞累，我要先去洗澡、睡覺了。」

爸爸在詩怡站起身時，仰頭追問：「你們是怎麼和好的？」

詩怡低頭看著父母說：「我記得你們教我的：要理直氣和，所以我先向她們道歉。她們也是講理的，自己理虧當然不好意思，就請我吃湯圓，後來我們聊得很投契，還約好星期天一起去看電影，剛才就是她們送我回來的。」

望著詩怡走進房裡的背影，媽媽欣慰的說：「詩怡懂事多了。」

爸爸含笑的贊同：「是啊！她眞的長大了。」

七娘夫人

悲憫亡魂的祭典——中元普渡

七月俗稱「鬼月」，民間認為農曆六月三十日地藏王菩薩開啟鬼門，放出所有的孤魂野鬼；直到七月三十日，鬼門關閉後，衆鬼才會再回到地獄受苦。為了悼慰亡魂或廣結善緣，全省各地不但有公普、街普、巷普、家普等各種普渡儀式，還施放水燈指引水中亡魂來接受普渡，並祈求因此獲得平安、幸福。

「你們華人很奇怪，不管什麼節日都和吃有關，像清明吃潤餅，端午吃粽子，中秋吃月餅，冬至吃湯圓，過年吃雞鴨魚肉，眞是除了吃還是吃，爲什麼沒有一個比較讓人感到溫馨、感謝，像我們的感恩節、耶誕節樣的節日？」美國來的安迪一邊吃著炸雞，一邊盯著我問，他淺藍色的眼眸像玻璃珠一樣閃閃發光。

「你們感恩節不也吃火雞，耶誕節也有耶誕大餐，怎麼好意思說我們只會吃？」我很不客氣的回話，覺得他實在看扁我們了，要不是老爹一再叮嚀要好好照顧他朋友的兒子，我一定給他一拳，讓他曉得中國功夫的厲害。

「你誤會我的意思了，我想說的是，爲什麼你們沒有耶誕節這一類向人表示感謝，分享美好感覺的節日？」安迪眼裡有著認眞探究的熱忱。

「誰說沒有？」我立刻回嘴說：「我們也有類似的節日，你還沒搞清楚我們的文化，就信口雌黃！」

「什麼是信口雌黃？」安迪追問。

我衝口而出罵了安迪，卻還要耐下性子解釋意思，那種感覺簡直像被湯圓哽到，吐不出來又吞不下，我眞後悔，爲了爸爸幾句好話，竟答應當這個笨頭安迪的「保母」，爲自己惹來不必要的麻煩。安迪眼睜睜的望著我，不容我迴避閃躲，我只好硬著頭皮，以說相聲的語氣，一字一句像教學般咬文嚼字的說：「信口雌黃的意思是，不知道的不要亂說。」

「哦！我知道了，這是一句成語，對不對？」安迪對我意會的笑。

「對！對！對！」我連聲掩飾自己的心虛，顯然安迪沒有聽出語病。

•阿㧻ㄚ是台語音，原指高鼻子，後泛稱外國人。

「你還沒有告訴我，哪個節日和我們耶誕節一樣？」安迪眞是死腦筋，咬住問題不放，這樣窮追猛打，不是存心讓我出洋相嗎？我快速的翻閱腦海裡的檔案：端午是紀念屈原，中秋好像是反元復漢，淸明掃墓爲了祭祖，過年是全家團圓……哎呀呀！眞奇怪？老師怎麼從沒告訴我們這種問題的答案，現在害我想破頭。

「你不是說有類似的節日嗎？爲什麼不告訴我？」安迪又再催了。

「有啊！當然有，」我一眼撇見街邊的店家正在拜拜，靈機一動說：「中元普渡不就是一個分享的節日嗎？」

「中元普渡在幾月幾日？它慶祝的是什麼？」安迪偏著頭問。

顯然這個「阿㧻ㄚ」沒聽過中元節，正好給我秀一下的機會。我一口氣喝乾杯子裡的可樂，清清嗓子說：「中元節從農曆六月三十日開始，到七月三十日爲止，活動時間長達一個月，這個節日的產生不是爲了慶祝，而是爲了分享和普渡。」

看安迪一臉茫然，更激起我說故事的興致：「中元節的起源，據說是目蓮爲了救他母親而引發的。目蓮的故事你聽過沒有？不必搖頭，我猜也知道，一定沒有，你的老師太遜了，只教你說華語，卻沒告訴你中國的文化，眞是遜！」

我邊說邊搖頭，安迪的玻璃眼球黯淡下來，露出慚愧的表情，我益發的得意，挫了這個美國人銳氣，感覺好像打敗美利堅合衆國一樣。不過做人也不能太驕傲，所以我還是繼續說故事：

「目蓮是一個信仰虔誠的和尚，他奉如來佛的命

• 美利堅合衆國即美國。

令，到地獄去巡察，竟意外的遇到他母親，目蓮的母親因為生前做了許多壞事，被打到地獄中最苦的餓鬼道受苦。目蓮是個孝順的人，他不忍心看母親受苦，用缽盛飯給母親吃，沒想到飯竟燃燒起來，不管怎麼試，他母親都吃不到飯，目蓮眼睜睜看母親餓得唉唉哭叫，他怎麼辦呢？」

小時候看的圖畫故事書，又活靈活現的在腦海裡搬演起來，我一口氣說到最精彩處，停下來吊安迪的胃口。

「他怎麼辦？」安迪果然張大眼睛追問。

「目蓮什麼也不能辦。」我朝安迪咧嘴微笑，笑容裡有些得意揚揚。

安迪不知道是太笨，還是太想聽故事，一點也不在乎的繼續追問：「後來怎麼了？」

我只好沒趣的繼續接著說：「目蓮實在想不出辦法，就跑到如來佛前，求如來佛救他的母親。如來佛告訴他說：『你母親生前罪孽太深，才會在餓鬼道受苦；如果你想救她，只有在農曆七月十五日，準備水果供品供養和尙，爲你母親念經作法，才能超度她。』目蓮遵照如來佛的指示，在七月十五日辦了一場盛大的法會，不但拯救了母親，這習俗還流傳下來，成爲後來的中元節。」

安迪皺著眉頭問：「你說中元節是一個月，現在又說是七月十五日，到底哪個正確？」

被他一問，我也愣住了，是啊！一天的事怎麼變成一個月了？可是中國的馬馬虎虎先生在我耳邊說：「管他的，隨便掰一下就好了，反正是同一個節嘛！有什麼關係。」爲了不丟面子，我就照做了：「本來普渡只有

•如來佛是佛的十號之一，因其能如意隨道而行，故名「如來」。

一天，但是後來的人覺得不夠慎重，再加上六月三十日鬼門開的傳說，於是祭典就延長成爲一個月啦！」

安迪才放下這個疑惑，又提出一個問題：「照你說的起源來看，中元節只是個爲死去的親友超度的節日，它和耶誕節與人分享的意義完全不同嘛！」

「NO，NO，NO，」我豎起食指，在安迪的眼前搖晃說：「我認爲這兩個節日很像的原因，是因爲中元節不但要普渡親友，而且對非親非故的孤魂野鬼，更是全面盛大款待，這不是另一種形式的分享嗎？」

「我不贊成你的說法，中元節根本和耶誕節差太遠了。」坐在旁邊吃漢堡的女孩忽然插嘴說：「我認爲具有分享意義的節日是過年，你們想想看，過年不但不能向人要債，而且還有各式各樣的救助活動；全家團圓圍爐，分紅包，父母爲子女買吃的、穿的，這些活動不是和耶誕節很像嗎？」

事出意外，加上女孩說得很溜，害我一時無法反駁。安迪這會兒卻反應敏捷，沒有經過我的同意，就問女孩說：「我們把桌子併起來，一起聊，好不好？」

女孩很大方的點頭，安迪立刻動手搬桌子；我當然不能表示小器，只好跟著挪椅子。女孩自我介紹，說她叫趙佳鈴，讀高二，大我兩歲，難怪看起來很老，不過她的眼睛還滿漂亮的，細細長長像一彎溫柔的眉月。

「你說的我很贊成，」安迪繼續剛才的話題，「不過小楊說的也有道理。中元節的對象雖然不是人，但是它的確具有某種分享的含義。」

「我叫楊智銓。」我搶著插嘴，作自我介紹，以免趙佳鈴誤以爲我是「小羊」。

趙佳鈴對我點頭笑笑，隨即轉頭回答安迪：「我承

認你們說的也有一些道理。剛好我明天晚上要和同學到基隆去看水燈，你們有沒有興趣一起去？」

「水燈？是什麼東西？爲什麼要到基隆去看？」安迪提出一串問題，我擔心的轉頭看趙佳鈴，怕她答不來出糗。

「你了解中元普渡的意思嗎？」趙佳鈴反問安迪。

安迪搖頭，趙佳鈴耐心的解釋：「普渡其實就是拜『好兄弟』。民間爲了表示對孤魂野鬼的敬意，就以好兄弟來稱呼他們。從農曆六月三十日地獄開鬼門後，很多鬼都被放到人間來，爲了怕這些好兄弟作祟，也爲了可憐他們在地獄受苦，從這一天起，各大寺廟就開始舉行祭祀，一直到七月三十日鬼門關爲止。我家附近的紫雲巖會先在廟前的廣場豎起一支三、四丈高的『燈篙』，上面掛圓形的大燈籠，這枝燈篙是用來招攬鬼魂

• 燈篙分陽竿、陰竿，陽竿掛天布、天錢、天燈等，是在宴請天界諸神；陰竿懸掛七星燈、地布、地錢等，爲招引陰間遊魂野鬼。

的，讓好兄弟知道那裡有豐盛的招待。燈篙越高，遠處越能看見，來的好兄弟越多，所以寺廟的燈篙都很高。」

「很有趣，我現在還可以看到燈篙嗎？」安迪的藍眼發出興趣的光芒。

「當然可以，整個七月裡除了寺廟之外，許多住戶、商鋪也會掛上紅燈龍，上面寫著『陰光普照』、『弟子某某敬點』，這種燈籠也是爲好兄弟照引路途用的，要從六月三十日一直點到七月底。你看，這邊的巷子不就掛著幾盞嗎？」

趙佳鈴指點透明玻璃窗外的景致，安迪湊身過去看，我背轉身子，看大街上熙來攘往的車輛，以表達被他們冷落的抗議。可是那兩個人神經線太粗了，完全沒有意識到我不高興，趙佳鈴仍繼續向安迪描述，寺廟在

•廟普，寺廟所主持的普渡，往往被視爲公普。廟普是以寺廟爲主體，規模依該廟信徒多寡而決定，多者可達一、二百份祭品，小的幾十份，每年由選出的爐主負責祭祀及活動等事宜。

•街普、巷普是指以一條街或一條巷子爲普渡活動的單位。規模多爲中、小型，普渡儀式略微簡化，但有時會請野台戲表演。

六月三十日時，和尚舉行盛大普渡，廟埕前排了幾十桌供品的「偉大」場面。安迪聽得嘴巴張得老大，下巴幾乎要掉下來了。看到他那副蠢相，氣得我眞想站起來走開，當做不認識這個人。

「寺廟的普渡叫廟普，主持法事的不管是道士或和尚，都會依規定請神、誦經讀懺、上疏巡筵、普施孤魂等，普渡的儀式都很完備。一般的街道、市場、村莊或巷弄，也可以聯合起來一起普渡，叫做公普、街普、巷普、市場普等。相同行業的人也會聯合起來辦普渡，稱作『行業普』，像計程車工會普、果菜商普、攤販普等；而一般人家也會準備一些五牲果品拜拜好兄弟，稱做家普或私普，更有些人認爲好兄弟無所不在，凡是住宅、禽畜、雞舍鴨寮，一律都拜，這類普渡叫做『普田頭』。」

•公普是指一個庄頭或許多庄頭聯合起來，以同一個寺廟爲中心，舉行普渡活動，是地方上的大事，日期多固定在七月十五日舉行。除了普渡儀式外，還同時舉辦施食、廟會等活動，吸引民衆來「逗鬧熱」。

•中元節原爲地官大帝誕辰，但一般民衆多只重普渡而少拜地官，但也有人將兩桌併起，稱「前後桌」，前桌放香爐，拜神祇、地官；後桌每樣祭品都插香和普渡旗，用來拜鬼。

趙佳鈴娓娓道來不疾不徐，我卻聽得汗毛直豎，明亮整潔的速食店裡，忽然變得陰風慘慘，彷彿到處都是好兄弟。安迪老神在在的不爲所動，盯著趙佳鈴追問：「普渡有一定的時間嗎？是不是在這段日子裡，每天都要拜拜？」

趙佳鈴仰頭把可樂喝個精光，才回答安迪的問題：「普渡不需要每天祭拜，也沒有規定一定在哪天拜拜，只要在七月裡選定一天來拜就可以了，拜完後由活人把供品解決掉，這叫做吃『拜拜』。不過因爲人鬼殊途，誰都不願引鬼上門，所以在拜好兄弟時，也有一些防禦措施，譬如有人會在廟裡祭壇前供奉『斗燈』避邪，斗燈其實是一只木桶，中間裝滿白米，再放上小秤、古銅鏡、涼傘、剪刀、尺、長明燈。通常一個木桶代表一個里或某個社團。也有人在普渡同時，拜地官和其他神祇

來避邪，不過拜神的祭品是不插香的，不像招待好兄弟的供品會插上香和普渡旗。」

我聽出味道來，忍不住插嘴問：「你爲什麼懂得這麼多？」

趙佳鈴笑出一個梨渦，甜甜的說：「我對民俗的東西很喜歡，曾看過一些報導和資料，我自己也常找機會到處看，漸漸就懂得一點。」

「中元節實在是個好玩的節日，你剛才說的看水燈，也是中元節的一項活動嗎？」安迪這種窮追不捨的好奇，是美國人科學進步的主因嗎？

「中元節不但放水燈，還有搶孤活動，除了大拜拜的吃吃喝喝外，其實是個滿有活力的節日。」趙佳鈴眞是誨人不倦。

「說說看！」安迪挑戰似的問。

「放水燈大都是在中元節，也就是七月十五日時施放的，水燈早在之前就紮好，放在廟裡，七月半時，在路牌、鼓吹的前導下，跟隨著龍燈、水牌燈、樂團、化裝遊行的行列，最後才是各姓製作的水燈隊伍，遊行隊伍到河、海等水邊，將燈一一放水逐流。目前以基隆的放水燈儀式最盛大，也最熱鬧。」趙佳鈴接著說：「搶孤這項活動，原先是禁止的，後來宜蘭發展觀光，才再開禁。」

「我知道，開禁時大家還曾在報紙上熱烈討論過，贊成和反對的人都各持己見，吵了好一陣子。」我終於找到發言的機會了。

安迪看看我和趙佳鈴，疑惑寫在他臉上，不等他開口，趙佳鈴主動解釋：「搶孤是在廟外的空地搭一座高二、三丈的『孤棚』，孤棚的四腳離地很高，而且塗滿

•孤棚大多由木頭架成，高約三十六台尺以上，平台上擺置各種普渡祭品。孤棚的形狀有正方、五角、長方等，支撐孤棚的柱子往往塗上厚厚的牛油，使搶孤人不易攀爬。孤棚的平台上，置放著用竹子紮成的高長尖塔，稱爲「孤盞」，祭品懸掛在孤盞上，盞頂插有一面「順風旗」，如果搶得旗子插在船上，據說可保航海平安，漁獲豐收。

了滑溜溜的油脂，孤棚上供奉許多祭祀的雞鴨魚肉等東西，等好兄弟吃完以後，就可以任人爬上去搶孤了。先民常因為搶奪而造成打鬥、推擠、踐踏等混亂流血的場面，後來被官方禁止，現在經過規畫開放，就不會再發生像以前一樣的慘劇了。」

安迪聽得張大了眼，我猜他一定和我一樣，希望能親眼看看搶孤的盛況。我問趙佳鈴：「你看過宜蘭頭城的搶孤嗎？」

趙佳鈴點點頭說：「去年我們全家都去看了，場面很壯觀、熱鬧，相當值得專程去看。今年我準備到基隆，實地去了解基隆人怎樣放水燈。」

「什麼時候去？我可以跟你一起去嗎？」我提出請求，心動不如行動嘛！

「好啊！明天中午十二點整，在這家速食店對面碰頭，那裡有到基隆的直達車，不能遲到哦！雖然放水燈是在晚上，但是很多人下午就先到基隆等著，去太晚會找不到好位置看水燈。」趙佳鈴說明得很詳細。

「好，我和安迪一定會準時。」我向她保證。

趙佳鈴站起身收拾桌面，對我們說：「我和同學約了去他家吃拜拜，必須先走了，我們明天見！」

「拜拜！」我伸手向她道別，安迪卻像木頭一樣目送趙佳鈴的背影消失在樓梯口，我轉頭問他：「你要繼續坐，還是出去逛逛？」

安迪沒有回答我的問題，他專注的盯著窗外一個女孩過街的背影，眼神朦朧，彷彿在作夢，我看看他，再看看那活潑的身影，嘴角快樂的往上揚起，也許過不了多久，我就可以卸下「保母」的重擔了，我想安迪一定比我更期待那一天的到來！

陽氣初生的冬至日

冬至是二十四節氣中最重要的一個節氣，也是古代的歲首。古人認為冬至過後，太陽北移，陰氣盛極而衰，陽氣開始萌生，因此說：「冬至一陽生。」周朝、漢初、宋朝都以冬至為一年之始，不但舉行重大祭典，還換新衣新帽，祭祖賀年，比元旦更熱鬧。後來冬至雖然不再受到這樣的重視，但吃湯圓、拜祖先等習俗仍未改變；台灣沿襲舊俗，雖略為改變，但大體仍與大陸習俗相似。

「小胖，小胖，快起來，上學要遲到了。」

春梅推搖著賴床的弟弟。小胖勉強張開惺忪的睡眼，暗沈沈的室內，只有一絲昏黃的微光若隱若現的在空氣中浮游，他閉上眼，捲緊棉被，向眠床裡側滾去，嘴裡嘟囔的說：「少騙我！天還那麼黑，讓我再睡一下。」

春梅不肯放過他，探身用力拍打弟弟，提高聲音催促：「七點了，你還不起來，我要先走囉！不等你了。」

小胖嚇得一骨碌翻身坐起，失去棉被溫暖的庇護，冰冷的寒氣順著頸脖一路往下，令他全身的汗毛忽地豎起，小胖哆嗦著縮身抱腿，喀喀的抖著牙說：「好……好……冷。」

春梅遞上衣服，小胖快手快腳的穿好，跳下眠床，往房外衝去。一陣冷風夾著冰雨由門外迎面颼來，小胖雙臂環抱身體蜷縮在門口，腳步遲疑著邁不出去。春梅在他後面不停的連聲催促，小胖才不情願的伸手抱頭，冒著雨向中埕左邊的洗澡房跑去。

風一路追隨小胖，在他進入洗澡間後，隔著厚實的木門，還不停的向門、窗隙縫呼呼吹著冷氣；扭開龍頭，洩流下來的水像冰刃似的刺痛小胖的手指，他閃電縮回接水的雙手，心裡沒來由的一股委屈，翻攪湧上，溫熱的淚直直的順頰流下。他想起和姊姊每天早上搶浴室，想起常在房外走道和爸爸相撞，想起鄰居練鋼琴的聲音……，台北的家雖然侷促、擁擠，但是方便、溫暖、舒適的優點，又豈是阿嬤家這種又老又舊的三合院所能比的？

拭去眼淚，小胖咬緊牙用冰水漱洗完，正要走出洗

•三合院是古厝傳統的基本形式，正廳作爲祭祀及接待客人，左房是戶長居室，右房住長輩，左護龍住長子，右護龍爲次子住處。

•冬至祭祖，必須以糯米粉及菜、糖等餡料，做成半月形的菜包，蒸熟後用來祭祖及分享給鄰居。

•拜拜卽祭天。《台南縣志稿》記載，冬至時家家戶戶除了祭天之外，各族祠堂另有盛大的祭典，謂之「祭冬」，或「祭祖」。

澡房，瞥見窗台上有顆紅色的丸子，他好奇的湊近看，竟是一顆紅湯圓。

「誰把湯圓放在這裡？也不怕招引螞蟻。」

小胖隨手將湯圓丟進垃圾桶，冒雨穿過中埕跑到正廳。阿嬤看他進來，立刻端了碗湯圓遞過來。小胖瞪著手上的碗，難以置信的問：「今天的早餐是湯圓？」

「今天是冬至，要用糯米搓『冬至圓』和做『菜包』拜拜。阿嬤包的菜包餡有甜、有鹹，裡面包了土豆、糖、青菜、豬肉等，看你喜歡吃什麼，下午放學回來，阿嬤蒸給你吃。哪！你看，這碗冬至圓的顏色多漂亮！有紅有白；紅圓仔叫做金丸，代表吉祥；白圓仔稱做銀丸，表示潔白。以前的人會搓三百六十五個冬至圓，象徵一年三百六十五天。有的人還另外搓十二個包餡像雞蛋大的湯圓，稱做『丸母』，代表十二個月，以祈求新的一年裡能平安順利。乖孫，趕快吃了阿嬤幫你盛的這碗湯圓，就會平平安安長大一歲。」

阿嬤囉囉唆唆的說了一串，小胖一時無法意會，疑惑的看看碗裡的湯圓，又看看外婆。外婆好脾氣的解釋給他聽：「冬至這天黑夜最長，白天最短；過了冬至，白晝會慢慢加長，歷代皇帝就在這天舉行盛大的祭典，隆重的程度只比開正差一等，所以大家就把冬至也當成年。在這天如果吃了冬至圓，就算添加了一歲。」

小胖終於記起曾在百科全書上看過「冬至」，它是二十四節氣中最重要的一個節氣；大雪後，太陽黃經在二百七十度位置時，就是「冬至」。這天太陽直射南回歸線，北半球晝最短夜最長，冬至過後，太陽逐漸北移，陽氣開始萌生，古人便認為「冬至一陽生」，而將它視為一年的開始。

•搓冬至圓時，照例須在冬至前一天晚上，全家大小圍坐在一面竹篩旁，共同搓成，象徵團圓。而圓形的湯圓，也象徵渾圓的天體，代表陽氣初生。

•元宵是包餡的湯圓。

書本裡的知識忽然活生生的印證到生活中，讓小胖有些不知所措。爸媽從不拒絕買書給他，卻沒有空陪他讀；每天放學回家，他面對的經常是空蕩蕩一屋子冷清。工作永遠是父母生活的重心，只有在國定假日的工作餘暇，小胖姊弟才擁有和父母郊遊、吃館子的補償，不放假的冬至節對小胖來說，只是日曆上的一個記號而已，他根本不記得上次吃冬至圓是什麼時候？更算不清有多少次，因爲媽媽加班而餓著肚子上床了。

一想到父母，小胖忍不住彆扭起來，翹著嘴耍賴：「在台北過冬至，我們都吃元宵，不吃湯圓。」

「好，下午阿嬤再做元宵給你吃，你趕快趁熱吃下金、銀丸，保你平安又健康。」阿嬤疼愛的說。

小胖不情不願的啜一小口溫熱的湯，濃滑甜蜜中，散發淡淡的薑味辛辣，一路從咽喉暖到胃裡。小胖一口

接一口，不分金銀紅白的囫圇吞吃起來。

外婆怕他噎住，不停在旁提醒：「慢慢吃，別急！」春梅夾著小胖的書包，一陣風似的捲進廳裡，看他還在吃東西，急得連聲催促小胖：「你怎麼還在吃？快點，快點，上學要遲到了。」

三口當兩口吞，一碗湯圓很快就見了底，匆匆向外婆說了再見，小胖追著姊姊急促的步伐，跨過門檻，走入風雨中。

「姊，姊，爲什麼門檻、窗邊都黏了一顆紅湯圓？」小胖撐著傘，邁動兩腿趕上姊姊，用手指著中埕旁廂房的窗戶問。

春梅轉頭看了一眼窗台，不耐煩的回應：「笨蛋！你不知道今天是冬至嗎？」

「冬至就要黏湯圓在門、窗上？那爲什麼我們台北的家不必黏？」小胖不放棄的追問。

「你很煩吔！」春梅皺起眉說：「阿嬤是古早人，生活方式和我們不一樣，懂不懂？」

小胖反脣相稽：「不知道就說不知道嘛！何必牽拖別人。」

「誰說我不知道？」春梅立即反彈：「門窗、器物、畜欄在冬至時黏顆紅湯圓，叫做『饗耗』，以前的人希望藉著這樣做，將初生的陽氣引到家裡來，好討個吉利。」

「你怎麼會知道？」小胖疑惑的盯著姊姊。

「你很囉唆吔！」春梅加緊腳步，不理睬弟弟。

小胖連走帶跑的追上來，拉住春梅手臂，繼續詢問：「你怎麼會知道的比我多？」

春梅斜眼看去，弟弟睜著大眼，神情非常認眞。她

•冬至節爲古代的「亞歲」，魏晉以來，皇帝在冬至都會舉行郊祭禮，儀式隆重，在程度上只差元旦一等，所以歷代都視冬至如新年。江蘇、浙江一帶更在冬至節大肆慶祝，商店也休業，稱爲「做節」。

知道綽號「小百科」的弟弟，是眞的想知道答案，就放慢腳步，轉頭對小胖說：「你忘了嗎?五年前爸媽出國一年，我和你也被送來外婆家住，你眞的一點都不記得了?」

小胖搖搖頭，嘟著嘴不高興的說：「那時我才兩、三歲，怎麼會記得?」

「那時候我讀小學三年級，比你大一點。」翻開的記憶讓春梅無法住嘴：「剛開始，我也和你一樣，非常不習慣。這裡既沒有7—11，也沒有麥當勞，同學又土得要死，阿公、阿嬤也老了，生活習慣和我們都不一樣，總之，那時候我以為我一定挨不過一年，就會死在這鳥不生蛋的地方了。」

春梅的描述，讓小胖心有戚戚焉，他立刻追問：「你怎麼挨過一年的?」

•7－11是由美國引進的便利超商事業，在此作為便利超商的代名詞。

「挨？」春梅挑高眉毛，笑容滿面的說：「我才沒有那麼苦命呢！來了沒多久我就發現這裡好玩極了。同學帶著我去抓蝌蚪、灌蟋蟀，阿嬤教我搓圓仔、包粽子，阿公讓我騎小牛、學插秧，每天忙得不得了，爸媽來接我時，我還嚇一跳，一年怎麼這樣快就過去了。」

小胖若有所思的說：「難怪爸媽這次出國，一提到轉學，你馬上答應。」

春梅默認了，走了一小段路後，她想起一件事，轉頭問小胖：「我記得上次你住這裡時，每天都哭著找媽媽，你現在還是不習慣嗎？會不會想媽媽？」

「想你的大頭啦！」小胖甩下姊姊往前跑。

春梅追上小胖，氣喘喘的說：「媽媽昨晚從紐約打電話來，說過年時會和爸爸一起回來看我們，她問你好不好，想要什麼禮物？」

小胖沒有接腔，低著頭往前走，春梅伸手想拉他的手，卻被他甩開。馬路被修補的坑坑疤疤，左一攤水，右一個洞，走在上面高低起伏得讓人心裡難過；「答答」敲在傘面的雨聲，也煩人的不斷向小胖哭訴著：好寂寞、好寂寞！

小胖急急的走著，想把這一切甩開，春梅拉住小胖的臂膀，遲疑的問：「我告訴你一件事，你不能生氣哦！」

小胖抬頭看姊姊，春梅的臉上交織著複雜的表情，小胖知道姊姊有著爲難，他靠過去，拉著姊姊的手，輕輕的點頭。

春梅看著遠方，邊走邊說：「本來媽媽怕你不適應，想帶你一起去紐約，是我多事，以爲你會和我一樣適應鄉下的生活，所以拍胸脯向媽媽保證，要好好照顧

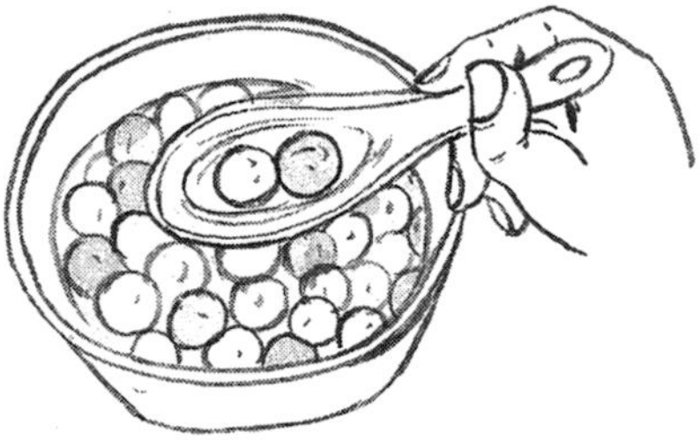

你，爸媽才留下你出國的。」

她以哀求的眼光看著小胖，和他商量說：「一年很快就過去，到時候你又可以回台北了，你就忍耐一下，好不好？」

「爸媽原先要帶我去紐約？」小胖完全沒有聽到姊姊後半段的話，他停在路上，半信半疑的盯著姊姊問。

春梅對小胖點點頭，小胖心裡的冰霜「匡噹」一聲裂開了，春梅彷彿聽到裂縫的聲音，以嚴肅的表情說：「對啊！是我嫉妒你，故意害你留下來的。」

才說完，一抹笑意就從春梅抿緊的嘴角洩露出來。小胖作勢要打她，春梅迎風跑起來，留下一串清脆的笑聲；小胖跟著追過去，撲面而來的寒風夾帶了一絲絲東風的暖意，小胖心底的冰雪，也一點、一點逐漸化開……。

台灣風土系列❸
習俗的故事

2000年8月初版
2011年7月初版第六刷

定價：新臺幣單冊200元
新臺幣一套10冊1800元

審　訂　施志汶
著　者　李倩萍
發行人　林載爵

出版者　聯經出版事業股份有限公司
地址　台北市基隆路一段180號4樓
台北忠孝門市　台北市忠孝東路四段561號1樓
電話　(02)27683708
台北新生門市　台北市新生南路三段94號
電話　(02)23620308
台中分公司　台中市健行路321號
暨門市電話　(04)22371234 ext.5
高雄辦事處　高雄市成功一路363號2樓
電話　(07)2211234 ext.5
郵政劃撥帳戶第0100559-3號
郵撥電話　27683708
印刷者　世和印製企業有限公司
總經銷　聯合發行股份有限公司
發行所　台北縣新店市寶橋路235巷6弄6號2F
電話　(02)29178022

責任編輯　黃惠鈴
封面設計　劉茂添

行政院新聞局出版事業登記證局版臺業字第0130號

本書如有缺頁，破損，倒裝請寄回聯經忠孝門市更換。 ISBN 978-957-08-2119-2 (單冊：平裝)
聯經網址 http://www.linkingbooks.com.tw
電子信箱 e-mail:linking@udngroup.com

國家圖書館出版品預行編目資料

習俗的故事 / 李倩萍著．--初版．
--臺北市：聯經，2000年
216面；14.8×21公分．-- (台灣風土系列；3)
ISBN 978-957-08-2119-2(單冊：平裝)
〔2011年7月初版第六刷〕

1.台灣-青少年文學
2.台灣-社會生活與風俗-青少年文學

673.2 89010195

親子系列

●本書目定價若有調整，以再版新書版權頁上之定價為準●

教養子女妙招118	桂文亞主編	180
關心我們的孩子	唐媽媽著	100
親子數學	馬文璧・文庭澍譯	380
親子妙法50招	施美惠著	120
陪孩子上幼稚園	何采嬪著	150
陪孩子上小學	曾文錄等著	200
陪孩子上國中	康雪卿著	200
老爸日記	王天戈著	180
晚安故事365（二冊不分售）	鄭明進等著	500
陪孩子快樂成長	吳京口述 楊蕙菁整理	160
親子XYZ	邢維禮著	250
女生來做數學	梁崇惠、楊翠勤合譯	200
親師交流道	聯合報家庭婦女版輯	200
101個數學問題	梁崇惠、楊翠勤合譯	200
親子ABC	吳湘文著	350
親子作文	林月娥著	350
學習型家庭	韋淑娟著	180

校園檔案

●本書目定價若有調整，以再版新書版權頁上之定價為準●

夫子列傳	單小琳著	130
老師家長聯合出招	單小琳主編	150
一個老師的真心話	單小琳著	150
大專女生上成功嶺	張麗君等著	180
常態編班怎麼辦	吳京、單小琳等著	170
老師家長別生氣	單小琳主編	150
如何指導孩子撰寫專題報告	鄧運林主編	160
嬌嬌兒入學	蘇月英著	120
班級經營有一套	林月娥著	160
日本小學教育	洪伯昌譯	250
遊戲學習：大地遊戲DIY	吳望如著	160
如何考上國小老師	單小琳、黃琴文編著	230